Hanns U. Christen

Berichte von Hier und Dort

Hanns U. Christen

Berichte von Hier und Dort

Band 4

Das Beste aus -stens Märtbricht

©Hanns U. Christen
Druck: Basler Zeitung, 4002 Basel
Printed in Switzerland

ISBN 3 85815 128 9

Vorwort

Er wohnt am Klosterberg, ist aber kein Mönch. Er schreibt «Märtbricht», aber es sind Berichte von Hier und Dort. Er ist Weinkenner, trinkt aber womöglich Brunnenwasser. Er berichtet im Pluralis majestatis, aber hinter dem «wir» verbirgt sich ein eingeschworener Einzelgänger, ein Individualist, dessen lachende Weisheiten auf Basels Pflaster grossgeworden sind und gut gedeihen. Seine amüsanten, oft bissig satirischen Geschichten schüttelt er lose und hinterhältig aus dem Ärmel. Ein aristophanischer Spötter, ein Spassvogel voller verschmitzter Eulenspiegeleien und lausbübischer Frivolitäten, der dem biedermännischen Ernst eine Nase dreht. «Tja», würde seine köllsche Studienrätin Adelgunde sagen, «det is er.»
Das ist jedoch noch lange nicht der ganze -sten; Hanns U. Christen nimmt es als Forscher und Grübler sehr genau mit der Wahrheit, vor allem der geschichtlichen. Seine historischen Miniaturen, mit denen er seine Markttasche garniert, verraten sorgfältiges Quellenstudium, profunde Sachkenntnis und Belesenheit. Er erfindet nicht nur, er findet und stöbert verborgene Raritäten auf. Mit Vorliebe führt der Listenreiche den ahnungslosen Leser hinters Licht, respektive am Narrenseil herum, überrascht ihn mit unerwarteten Pointen, die er wie bunt schillernde Seifenblasen platzen lässt.
Dass er sich im Wurstkessel auskennt, das Haar in der Suppe findet und seine feine Zunge wetzt, versteht sich bei einem Koch und Weintester sui generis eigentlich von selbst. -sten ist kein Kostverächter; er weiss die Fleischtöpfe Ägyptens vom schwammigen fast food wohl zu unterscheiden und wird seinem Ruf als Gourmet und connaisseur vollauf gerecht. Ob er Konfitüren kostet oder Kartoffeln, sein Urteil ist unbestechlich. Er würde, dem fürstlichen Gast an der Tafel des Herzogs gleich, das Fehlen des Kräutleins Niesmitlust in der Souzeraine-Pastete des Zwergs Nase herausschmecken und

rügen, so wie er auf den Zucker im Markgräfler allergisch reagiert. Wer ein saftiges Châteaubriand à la Montclôitre, pikante Saucen und einen guten Tropfen liebt, wird die mit kaustischem und kauzigem Witz gepfefferten Historietten, diese vergnüglichen amuse bouches der deutschen Sprache, die -sten meistert, in vollen Zügen geniessen. L'Appétit vient en mangeant!

Heinrich Kuhn

Gruss von der Sonnenterrasse

«Heissa!» dachten wir, als wir eingeladen wurden, eine Woche im sonnigen Tessin zu verbringen. Nach den Schilderungen musste es nahezu das Paradies auf Erden sein, so auf einer kleinen Alp zu leben, fern dem Getriebe und Gelärme der Stadt, nur von ein paar Kühen, ungezählten Pilzen und zahlreichen Vipern umgeben, ländlich und sittlich und sonnig und so. Wie würden wir dort oben die Ruhe geniessen, das ungestörte Nichtstun, die Wärme und die gesunde Alpenluft! Wie würden wir dort in der Sonne sitzen, die treue Schreibmaschine auf den Knien, und endlich einmal ungestört die Artikel schreiben können, die wir schon lange hätten sollen.
Also die Sonne schien wirklich. Mit Blick auf Berg und Tal tranken wir den selbstgemahlenen Kaffee, strichen Honig aufs selbstheraufgetragene Brot und erklärten den Wespen, dass der Honig nicht für sie sei, und dass es überhaupt der Gesundheit abtrage, wenn man als Insekt so viel Süsses schlürft. Dann wollten wir mit Schreiben beginnen – aber wer hat dazu schon Lust, wenn die Sonne strahlt, der Himmel blaut und der Merlot del Ticino im Boccalino duftet?
Am nächsten Tag regnete es in Strömen. Wer kann schreiben, wenn es regnet? Dann sitzt man in der Küche neben dem Kamin, in dem gar kein Feuer prasselt, weil man das Holz eine halbe Stunde weit herholen müsste, und empfindet bereits die Petrollampe an der Wand als angenehme Wärmequelle. Statt zu schreiben, baut man ein Futterbrettlein für die Vögel. Dazu muss man in der Werkzeugkiste nach Nägeln suchen, wobei man nur solche findet, die entweder viel zu lang oder viel zu kurz sind. Irgendwo entdeckt man ein paar von richtiger Grösse. Nach kaum drei Stunden hängt das Brettlein am Ast, wohl gefüllt mit Hanfsamen und ein paar Pinienkernen. Die Vögel denken nicht daran, Notiz von dieser Neuerung zu nehmen. Kleiber, Rotschwänzchen und Meisen strafen das Resultat unserer handwerklichen Be-

mühungen mit vollkommener Nichtbeachtung. Daraufhin kommt eine Frau von der benachbarten Alp und berichtet in längerem Gespräch, dass der Radio für morgen schönes Wetter angekündigt hat. Schreiben wir also morgen, im Schatten des Ahornbaumes, damit wir nicht so ins Schwitzen kommen!

Tatsächlich: am nächsten Tag ist es im ganzen Tessin sonnig. Wenigstens im Wetterbericht von Radio DRS. Auf der Alp im Tessin hingegen nieselt es, Wolkenfetzen ziehen vorbei, und die Sonne lacht nur von der Etikette des Sonnenbrandöls, das in der Ecke steht und von schöneren Tagen träumt. Ausserdem ist es kalt, das Wetter. Wenn einem die Finger einfrieren, schreibt man natürlich keinen Artikel. Da tut man lieber etwas Handwerkliches. Deshalb entsteht eine Aufwickelvorrichtung für 30 Meter Wäscheseil. Sie hängt jetzt neben der Tür der Küche, durch deren Ritzen es erfrischend hereinzieht. Wenn es auf der Alp Rum gäbe, würde man einen Grog brauen. In der Flasche mit der Rum-Etikette befindet sich leider nur der sauer gewordene Rotwein vom letzten Jahr. Folglich tun wir etwas Wärmendes: wir gehen in den Wald und holen ein paar herumliegende Äste. Aus denen hacken wir handliche Scheite fürs Kaminfeuer. Leider sind sie noch zu nass, um richtig zu brennen. Sie werden beim Kamin aufgeschichtet, damit das Feuer sie trocknet, das wir aber nicht entzünden können, weil wir erst im Wald Holz holen müssen, das zu nass zum Brennen ist, so dass es erst neben dem Kaminfeuer trocknen muss, das wir nicht entzünden können – und so weiter, siehe oben.

Etwas Neues taucht auf: die Frage der Toilette. Die wurde bisher ganz einfach dadurch gelöst, dass man mit einem Spaten (US Army Surplus) in die Landschaft ging. Das ist jetzt nicht mehr opportun, weil in der Landschaft die fleissigen Tessiner die letzten Arbeiten verrichten, die vor dem ersten Schneefall getan sein müssen. Sie haben in Radio gehört «Alpensüdseite sonnig», und nach ihren Erfahrungen halten sie den Winter drum für nicht mehr fern. Nun gehört zu der Alp aber eine grosse

Granitplatte mit einem Loch, 90 Kilo schwer (die Platte, nicht das Loch), aus der eine Toilette entstehen soll. Man müsste nur neben dem Häuslein fürs Häuslein ein Stück des Abhangs planieren, ein tiefes Loch in den Boden graben, die Platte darauf verlegen und Wände als Sichtdeckung drum herum bauen. Die Arbeit wird begonnen, und wie sie halbwegs fertig ist kommt wer? Die Frau, der die Nachbarhütte gehört. Sie (die Frau) hebt beredt an, die Eigentumsverhältnisse an Grund und Boden zu erörtern, die nautischen Spiele des Wildbaches bei sommerlichen Gewitterregen zu schildern, und weitere Einwände gegen den Bau der Toilette ins Feld zu führen. Weshalb die Toilette eine Unvollendete bleibt, die nicht einmal die Chance hat, in volkstümlichen Konzerten als wichtige Progammnummer zu fungieren.
Stattdessen gehen wir in den Wald und finden Holz für das Kamin. Es wird mit dem Beil zerhackt (das Holz, nicht das Kamin), und dann bricht die Dämmerung herein, und bei Dämmerung kann man nicht mehr schreiben, weil zu dunkel. Dafür knistert mit der Zeit tatsächlich ein Feuer im Kamin, auf dem Kartoffeln rösten, und ausserdem duftet es nach gebratenen Zwiebeln, frischem Knoblauch und dem Petrol der Lampe. In den Mauern rumort's – das ist der Siebenschläfer, der darauf wartet, dass man sich endlich zur Ruhe begibt, so dass er damit anfangen kann, aus den Resten der Mahlzeit sein oppulentes Mahl zusammenzusuchen und an unpassenden Orten seine Duftmarken zu hinterlassen. Der Wetterbericht meldet für morgen: Alpensüdseite bedeckt mit stellenweisen Niederschlägen. Warum diese Stellen ausgerechnet immer unsere Alp sein müssen?
Tatsächlich. In der Nacht beginnt es zu regnen, was das Zeug herhält. Was dabei sinkt, ist nicht nur die Temperatur, sondern auch unsere Produktivität. Zum Frühstück gib's Rühreier, damit wir von innen warm werden. Es regnet. Wenn man die Küchentür aufmacht, kommt eiskalte Luft herein. Wenn man die Küchentür zulässt, ist es in der Küche stockdunkel, falls man die Petrollampe nicht anzündet. Zum Schreiben braucht man Licht. Also

wird die Lampe angezündet. Wir kommen uns vor wie Goethe – nicht so gut und genial, aber so schlecht beleuchtet. Wenn man bedenkt, dass der beim Schein einer Kerze des Nachts schrieb – Kunststück, dass er «Mehr Licht!» ausrief. Wir hingegen haben schon eine Petrolla ... Jetzt ging sie gerade aus, weil sie kein Petrol mehr hatte, und deshalb mussten wir in den Regen hinaus und die Kanne holen und die Lampe auffüllen. Jetzt brennt sie wieder. Aber bei dem Licht kann kein Mensch einen Artikel schreiben. Zudem sind unsere Finger halb eingefroren. Soll den Artikel schreiben, wer will. Wir schreiben ihn einfach nicht. Wir schicken unseren bildschönen Leserinnen und klugen Lesern einfach nur Grüsse von der Sonnenterrasse der Schweiz ...

Autonostalgie

Es braucht schon einige Seelengrösse und charakterliche Festigkeit, wenn man sich heute noch an seinem Auto freuen will. Tagtäglich schreiben Leute so viel Böses darüber und versuchen, einem jede Freude zu vergällen. Wie immer in solchen Fällen ist's gut, wenn man sich bequem in den Fauteuil zurücklehnt, einen guten Schluck neben sich hat und ein bisschen darüber nachliest, wie das früher so war. Es lässt einen die Hetze der Gegenwart vergessen und Distanz gewinnen.
Da gibt es zum Beispiel ein kostbares Buch des britischen Autopioniers Montague Grahame-White, 1935 erschienen. In ihm beschreibt er eine Autoreise im Jahre 1904 von Dijon nach Nizza via Grenoble, etwas mehr als 500 Kilometer auf der Strasse, beziehungsweise auf dem, was damals so Strasse hiess. Die erste Etappe ging von Dijon nach Lyon, so um die 160 Kilometer, für die Grahame-White nur einen Tag benötigte. Es wäre noch rascher gegangen, wenn er nicht zweimal hätte einen Schlauch flicken müssen. Das zweite Stück, bis Grenoble, erforderte einen zweiten Tag, aber das ist verständlich, denn das Wetter war mies und die Strasse voller Löcher.
Dann jedoch ging's los. Schon kurz nach der Abfahrt, diesmal im schönsten Sonnenschein, hörte Grahame-White ein Geräusch im Motor. Er hielt an, prüfte genau den Ölstand in sämtlichen Schaugläsern – das waren damals bis zu einem Dutzend – aber der war überall normal. Im Getriebe jedoch, das er aufschraubte, waren zwei Lager heissgelaufen. Er musste drei Kilometer weit gehen, bis er Petroleum kaufen konnte, mit dem er das Getriebe säuberte, und dann baute er zwei neue Lager ein. Seine Frau sass inzwischen auf dem Rücksitz und war nicht begeistert.
Spät nachmittags kam man in Briançon an und stellte mit Befriedigung fest, dass man rund 100 Kilometer zurückgelegt hatte. Weil alles so gut gegangen war, ent-

schloss man sich zur Weiterfahrt. Als das Paar in Embrun ankam, war es sieben Uhr abends und Schnee fiel. Grahame-White wollte deshalb die Nacht hier verbringen, aber Madame war dagegen – das Hotel war ihr zu wenig vornehm. Also füllte er lauwarmes Wasser in die Acetylenlaternen und machte sich für eine Nachtfahrt bereit, obschon sie ihm gar nicht zusagte.

Die beiden Lampen beleuchteten die dunkle Strasse recht zuverlässig, trotz dem Schnee, der herabrieselte, aber Stunde um Stunde verging, Grahame-White auf dem Führersitz fror immer mehr, trotz seiner Pelzbekleidung, und dann begann es im Motor wieder zu rumoren. Bevor er noch die Zündung ausschalten konnte, blieb der Wagen stehen, meilenweit von jeder Siedlung entfernt. Grahame-White schraubte eine der Karbidlampen ab und machte sich auf den Weg. Am Fuss eines Hügels sah er ein trübes Licht, das sich als Fenster eines Bauernhauses entpuppte. Er klopfte an, erklärte den Bauersleuten, was geschehen war, und die waren bereit, die Gestrandeten für die Nacht aufzunehmen. Er holte also seine Frau, die ihm klar und deutlich zu verstehen gab, was sie von dem Auto und seinen Fahrkünsten hielt, und sich dann sofort ins Bett begab. Er und der Bauer schleppten den Wagen mit einem Pferdegespann ab, und dann gab's im Bauernhaus eine heisse Suppe. Mangels weiteren Betten schlief Grahame-White auf zwei zusammengestellten Stühlen; frühmorgens erwacht er, weil nebenan ein Esel trompetete.

Der Schaden erwies sich als gleicher Art: zwei Lager waren durchgelaufen. Um besser sehen zu können, schob er den Wagen ins Freie, zog die Handbremse an und packte die Kiste mit Ersatzteilen und Werkzeugen aus. Nach zweieinhalb Stunden Arbeit machte er eine Pause, um im Haus einen Kaffee zu trinken. Als er zum Wagen zurückkam, erwartete ihn eine Überraschung: der stand nicht mehr vor der Scheune, sondern war bergab in den Entenweiher gerollt und steckte dort tief in Schlamm und Wasser. Wie das passieren konnte, war rätselhaft, denn niemand war in der Nähe, der die Bremse gelöst haben mochte. Man holte also den Wagen mit den beiden Pferden aus dem Teich, Grahame-White putzte ihn und ging wieder ans Reparieren, wobei er zur Vorsicht zwei Ziegelsteine unter die Vorderräder legte. Und das war gut, denn als er nach zwei Stunden intensiver Arbeit vom Getriebe aufsah, erblickte er den Esel, der sich am Hebel der Handbremse den Rücken kratzte – und dabei die Bremse gelöst hatte. Das war des Mysteriums Grund. Die Reparatur dauerte den ganzen Tag und die halbe Nacht. Grahame-White hatte keine grosse Lust, am nächsten Morgen weiterzufahen, aber seine Frau drängte – das lockende Ziel Nizza war für sie unwiderstehlich. Also nahm er ein üppiges Frühstück ein, setzte sich ans Steuer und fuhr weiter. Um halb sieben abends rollte der Wagen bereits in Castellane ein, was für 55 Kilometer eine gute Leistung war.

Hinter Castellane stieg die Strasse zum Col du Luens ziemlich steil an, und glitschig war sie auch. Das hatte einem Fuhrwerk, schwer mit Steinen beladen, Pech gebracht: von seinen drei Pferden war eines gerutscht, lag auf dem Boden und versuchte, mit Hilfe des Kutschers aufzustehen. Grahame-White hielt an, und das brachte nun wiederum ihm Pech, denn im selben Moment kam um die Kurve ein vierspänniger Reisewagen: dessen Kutscher zog die Zügel zu straff an, eines der Vorderpferde fiel um, schlug aus – und natürlich musste dieses Unheilsbiest ausgerechnet mit dem Huf die Steuerung am Auto zertrümmern. Hier nun zeigte es sich als Vorteil, dass Montague Grahame-White auch ein grosser Segler vor dem Herrn war, bestens bewandert im Umgang mit Tauen und Leinen. Er bockte zunächst die Vorderachse auf – Steine gab's genug, die er unterlegen konnte – und improvisierte dann mit einem Tau und einem kräftigen Pneuheber eine Steuerung, die sich sehr bewährte und bis Nizza störungsfrei durchhielt. Dort endlich war Madame begeistert, nach vier Tagen Reise.

Wenn man das so liest, kommt es einem schrecklich antik vor. Aber so gar lange ist's noch gar nicht her, dass es als völlig normal galt, wenn man nahezu einen zweiten

Wagen an Ersatzteilen mitnehmen musste und dazu eine Werkstattausrüstung, die einen Schraubstock und ein Dutzend Meissel ebenso enthielt wie ein komplettes Sortiment von Schrauben und Muttern, eine Rolle Stahldraht und zwanzig Meter Seil. Und heute ist das wieder erschreckend aktuell, denn die Autoindustrie ist bereits seit Jahren dazu übergegangen, ihre Wagen so zu bauen, dass möglichst unzugängliche und möglichst lebenswichtige Teile von möglichst nicht reparierbarer Konstruktion plötzlich defekt werden, so dass es gut ist, Reserveteile mit sich zu führen und zu lernen, sie unter primitiven Bedingungen zu montieren. Davon können wir ein Liedlein singen...

Menschentand

Wann immer Techniker eine grosse Anlage bauen, erklären sie einem ganz genau, dass damit überhaupt nichts Ungutes geschehen kann. Wenn dann trotzdem etwas Ungutes geschehen ist, erklären sie einem ganz genau zweierlei: erstens warum es passiert ist, und zweitens, dass sie selber daran völlig unschuldig sind. Lassen Sie uns ein Beispiel berichten.

Im Sommer 1878 eröffnete die Northern British Railway Company den Eisenbahnverkehr über eine neue Brücke, die mehr als drei Kilometer lang war und den Firth of Tay überspannte, den Mündungstrichter des schottischen Tay-Flusses in die Nordsee. Dadurch wurde es der NB Comp. möglich, die Reise von Edinburgh nach Dundee um ein Drittel der Zeit auf knapp zweieinhalb Stunden zu verkürzen – und der Konkurrenzbahn Passagiere wegzunehmen. Die Brücke, damals die längste der Welt, war von Thomas Bouch entworfen worden, der bereits einige Projekte ausgeführt hatte, wenn auch noch keines von diesem Ausmass. Seine Brücken zeichneten sich dadurch aus, dass sie leichter und billiger waren als die anderer Ingenieure. Sie bestanden aus gusseisernen Säulen, auf denen elegante Fachwerkträger aus Stahl lagen – Muskeln ohne Fleisch, nannte er seine Art Brücken. Zeitgenössische Ingenieure hielten diese Brücken für zu wenig stabil, aber bisher hatten sie gehalten. Auch die Tay-Brücke war so gebaut. Sie bestand aus insgesamt 85 einzelnen Trägern, bis zu 85 Metern lang; die mittleren Träger mussten höher gelagert werden, damit die Schiffe nach der Stadt Perth unter ihnen durchfahren konnten. Die Zahl dieser mittleren Träger betrug ursprünglich 14, aber da für eine der Säulen kein gutes Fundament gefunden werden konnte, musste Bouch mit 13 Trägern auskommen; sie lagen 30 Meter über mittlerem Wasserstand.

Nach vielen Schwierigkeiten während des Baus, auch personeller Natur, wurde die Tay-Brücke am 31. Mai

1878 in Betrieb genommen. Thomas Bouch wurde Ehrenbürger von Dundee, nahm aber selber nicht an der Eröffnung teil. Sehr bald begann die Brücke gute Dienste zu leisten: Passagiere und Fracht benützten nun zum allergrössten Teil die Linien der NB Company. Im Juni 1879 überquerte Königin Victoria die Brücke, von der NB Comp. eingeladen, und verlieh kurz darauf dem Brückenbauer Bouch die Ritterwürde.

Wenn man heute Bilder dieser Tay-Brücke sieht, beschleichen einen ungute Gefühle. Sie sieht einfach so aus, als würde sie beim ersten grösseren Windstoss umfallen. Ungute Gefühle beschlichen damals schon eine kleine Zahl von Leuten, die mit der Brücke zu tun hatten. Und das mit Recht. Das Gusseisen für die Säulenpfeiler, die in einer eigenen Giesserei hergestellt wurden, war zwar von der Qualitätsstufe «best», aber das war die unterste Qualität; es gab noch bessere Gusseisen namens «best best» und «best best best». Die Säulen hatten mehrheitlich ungleich dicke Wände, weil die Bohrkerne nicht genau in der Mitte angebracht wurden. Beim Guss entstandene Löcher wurden mit grauem Wachs zugeschmiert, damit man sie nicht mehr sah. In manchen Säulen hatte sich der Formsand mit Eisen vermischt. Bohrlöcher, in denen Bolzen die Säulen mit den Trägern verbinden sollten, wurden konisch gegossen statt zylindrisch, so dass die Bolzen viel Spiel hatten. Risse traten auf, die man zuschmierte. Wichtige tragende Teile, die beim Guss unvollkommen herauskamen, wurden nachträglich angegossen – was sie sehr schwächte. Beim Montieren der Teile wurde den Arbeitern nicht gesagt, wie sie die Bolzen befestigen sollten – jeder machte es nach eigenem Gutdünken. Fachleute für die Aufsicht bei der Montage gab es ebensowenig, wie es Experten beim Guss gegeben hatte. Wenn beim Montieren etwas nicht passen wollte, wurde es zurechtgebogen oder angeflickt.

Für die fertige Brücke wurde zwar ein Inspektor bestellt, aber der verstand nur etwas von Mauerwerk und richtete seine Aufmerksamkeit auf die gemauerten Fundamente der Brücke. Die gesamte Eisenkonstruktion war ihm

Wurst. Mitunter fand er bei den Fundamenten Bolzen und Muttern, die von der Brücke heruntergefallen waren. Dass die Brücke unnatürlich wackelte und lärmte, fiel ihm nicht auf. Zudem inspizierte er die Brücke sehr selten. Der einzige Mensch, der die Tay-Brücke regelmässig betrat, war der Hilfsarbeiter, der abends die Positionslampen anzünden musste. Von der Brücke verstand er nichts, und sie interessierte ihn auch nicht.

Am 28. Dezember 1879 herrschte starker Sturm. Der Zug, der vom Süden her über die Brücke nach Dundee fahren sollte, bestand aus einer Lokomotive, einem Gepäckwagen und fünf Personenwagen; er war stark besetzt. Wieviele Personen in ihm sassen, steht noch heute nicht fest. Die Zahlen schwanken zwischen 65 und 300. Sicher jedoch ist, dass ein kleiner Spaniel mit dabei war. Als der Zug auf die Brücke fuhr, verliessen in einem Städtlein 80 Kilometer entfernt gerade Kirchgänger den Gottesdienst; einer von ihnen, ein Bauer, sagte plötzlich «Mein Gott!» «Was ist mit Ihnen?» fragte man ihn. Er sagte: «Nichts – aber die Tay-Brücke ist eingestürzt!»

Was dem Bauer als Gesicht erschienen war, traf leider zu. Der Zug fuhr über die Brücke, die im Sturm schwankte. Als er den vierten der 13 besonders hohen Träger erreicht hatte, kam ein starker Windstoss. Die Gusseisensäulen gaben nach, Bolzen lösten sich, die 13 Träger kippten zur Seite und stürzten mitsamt dem Zug 30 Meter tief ins Wasser, wo sie versanken. Kein einziger Passagier konnte sich retten. Nur der kleine Spaniel schwamm ans Ufer. Augenzeugen gab es nicht. Ein Bub, der von weitem ein rotes Licht in die Fluten stürzen sah und das daheim erzählte, bekam eine Ohrfeige, weil er an einem Sonntag eine derartige Schauergeschichte berichtete. Andere Leute sahen von fern Lichter des Zuges, die plötzlich verschwanden, aber sie massen dem keine Bedeutung bei. Erst ein Bahnangestellter, der trotz des Windes über die Brücke kroch, stellte fest, dass die mittleren Träger fehlten. Insgesamt fand man 46 Ertrunkene. In den folgenden Wochen und Monaten wurde eine Untersuchung über die Ursachen des Einsturzes angestellt.

Ihre Ergebnisse waren wie erwartet: Niemand war schuld. Es wurden allerlei Übelstände aufgedeckt. Unter anderem hatte Thomas Bouch sich bei Fachleuten erkundigt, wieviel Winddruck er wohl für seine Berechnungen annehmen müsste, und die Fachleute hatten ihm erklärt: bei einem Fachwerkträger spielt der Wind keine grosse Rolle. Die NB Comp. nahm Bouch immerhin den Auftrag für eine Brücke über den benachbarten Firth of Forth weg, den sie ihm schon erteilt hatte; was ihn kränkte. Aber er war nicht darauf angewiesen. Als er ein Jahr später starb, hinterliess er ein Vermögen von einer Viertelmillion Pfund, was damals eine irre Summe war.

Eine neue Tay-Brücke wurde bald darauf gebaut, 50 Meter neben der eingestürzten ersten, von der man die unbeschädigten Träger mit verwendete. Sie steht noch heute. Der Einsturz der Tay-Brücke war eine Weltsensation und erschütterte unter anderem den Dichter Theodor Fontane, der ein Gedicht über sie schrieb, das mit dem inzwischen oft zitierten Satz endet: «Tand, Tand, ist das Gebilde von Menschenhand.» Ein Satz, den man sich merken soll.

Elbling-Mord

Es war ein Hammerschlag. Gerade waren wir von Luxemburg zurückgekommen, wo wir eine abendfüllende Fernsehsendung gemacht hatten über Weine, vor allem über den Luxemburger Alltagswein: den Elbling. Das ist ein erfrischender, im Alkohol sehr leichter Wein aus Trauben, die schon die Römer vor 2000 Jahren an die Mosel gebracht hatten: Vitis alba nannten sie die Rebe, oder Vitis albuelis. Elbling duftet zart und passt zu fast allem. Kein Wunder, dass gut ein Viertel der Rebfläche Luxemburgs mit Elbling bepflanzt ist. Sogar ein eigenes Glas hat der Elbling im Weinland Luxemburg, das nur für ihn benützt wird. Wir hatten Elbling in guter Gesellschaft von Luxemburger Winzern und Weinfreunden getrunken und hatten ihn am Fernsehen so gelobt, wie er es bei Gott verdient.
Und nun lasen wir in der «Badischen Zeitung» einen Artikel «Das Aus für den Elbling». Ein Artikel, der offensichtlich von jemandem geschrieben war, der noch kaum jemals ein Glas Elbling getrunken hatte. Der Jemand zitierte da Worte einer offensichtlich stark beschränkten Stammtischrunde, die behauptete: Elbling schmecke wie ein Drittel Ruländer und zwei Drittel Wasser», oder «er strapaziere die Geschmacksnerven bis zum Äussersten» und sei eine Art «Gelsenkirchener Kohlenhalde, Nordseite». Inhalt des Artikels: Seit Ende 1983 müssen in Baden die Elbling-Reben ausgerottet werden. In der Statistik kommen sie schon seit 1981 nicht mehr vor. Der Neuanbau war schon lange verboten, seit 1976, und was an Elbling noch gekeltert wurde, durfte man zwar trinken, aber nicht mehr in den Handel bringen.
Wie gesagt: ein Hammerschlag. Nicht nur für uns, sondern sicher auch für den ehemaligen deutschen Bundespräsidenten Walter Scheel, der sich Flaschen voll Elbling vom Kaiserstuhl überall nachführen liess, wohin er zu gehen hatte. Wie alle wirklichen Weinkenner, konnte auch er das süssliche Geschlamp, das man an offiziellen

Anlässen als typisch deutschen Wein einschenkte, nicht trinken. Die meisten Weine, die es da gibt, eignen sich ausgezeichnet als Tunken zu Doktor-Oetker-Anrührpudding – aber nicht zum Trinken. Schon gar nicht als Getränke zum Essen.
Und nun stand also in der «Badischen Zeitung» zu lesen, was etweiche Offizielle von sich gegeben hatten: Elbling sei «ein Massenträger mit schlechter Qualität, besonders jahrgangsanfällig. Bukett neutral. Ohne Körper. Von hoher Säure geprägt. Ein echter Säuerling. Und insgesamt: es ist fast kein Wein». Eine Beschreibung des Elbling, die geradezu idiotisch ist. Wenn man sie in Luxemburg liest, wo Elbling zum Lebensstil gehört, wird man sich vielsagend anzwinkern. Mit Zwinkern kann man seine Meinung sagen, ohne sie sagen zu müssen. Die Luxemburger haben das seit 1914 schon zweimal während Jahren getan.
Gewiss: Im Vergleich mit den meisten neudeutschen Weinen ist Elbling ein Aussenseiter. Er hat eine erfrischende Säure, nicht eine mastige Süsse. Er schmeckt je nach Jahrgang anders – er ist kein Wein für Konsumenten ohne Weinverstand, die meinen, Wein müsse immer genau gleich schmecken, wie Coca-Cola oder Vanilljekrem. Er duftet nicht wuchtig wie ein Bordell im Hochsommer, sondern wie ein frisch gewaschenes junges Mädchen am Bachufer: zart. Er hat einen schlanken Körper, nicht eine schwabbelige Rubensfigur. Er ist ein Wein für Feinschmecker mit Weinverstand, nicht für Banausen mit Liebfrauenmilch- oder Nacktarsch-Ungeschmack. Aber muss man so eine zarte Jungfrau ermorden, weil sie keinen üppigen Fettwanst hat samt Hängebusen, und dann erst noch ihre Leiche in der Luft zerfetzen? Was man mit dem Elbling tut, wenn man behauptet, er sei «fast kein Wein» oder eine Mischung von (üblicherweise klebrigdick gekeltertem) Ruländer mit Brunnenwasser.
Ruländer – Pinot gris bei uns, Tokay d'Alsace im Elsass – wird ja in Baden nicht so gemacht, wie er sein sollte, nämlich frisch und duftig. So machen ihn nur ein paar

begnadete Winzer. Die meisten machen ihn als eine Art Sirup, was dazu führte, dass ihn kaum noch jemand trinken will. Weshalb der Ruländer dann mit Pinot Noir zu einem Saft vermengt wird, «Badisch Rotgold» geheissen. Und den trinkt seltsamerweise auch kaum jemand. Eine merkwürdige Sitte: Statt dass man zur richtigen Natur zurückkehrt, will man eine Perversion mit einer zweiten Perversion zudecken...

Doch kommen wir zurück zum Elbling. Früher gab's ihn auch in der Schweiz. Er war jahrhundertelang fast die wichtigste weisse Rebe und lieferte das Volksgetränk: leichten Wein zum Durstlöschen beim Essen und als Getränk beim Gespräch – so wie heute noch in Luxemburg. Er verlor seine Bedeutung in der Schweiz, als man begann, den Durst mit wenig oder keinen Alkohol enthaltenden Getränken zu löschen, dafür aber stärkeren Wein zu trinken. Vor allem Burgunder und Beaujolais, aber auch Westschweizer Chasselas und Ostschweizer Riesling-Sylvaner. Auch bei uns ist der Elbling ermordet worden. Nur hat man die Leiche nachher nicht noch geschändet, wie's jetzt geschehen ist.

Unter Weinfreunden gesagt: Der Mord am Elbling ist eine Schande. Er ist ein Verbrechen. Nein, noch viel schlimmer: Er ist ein Dummheit. Denn jetzt werden auch noch Elblingfreunde in Deutschland auf importierten Wein umstellen, wie's bereits die immer zahlreicheren Freunde von wirklich durchgegorenem, ungesüsstem Wein getan haben. In Luxemburg wird man sich freuen. Einige Winzer an der deutschen oberen Mosel, die noch Elbling keltern, freuen sich auch, obschon er bei ihnen nach Landesbrauch meisten süsslich gemacht wird. Der Elbling-Mord ist ein neues Beispiel für die Entartung des Geschmacks durch falsche Weinphilosophie. Manche lernen's eben nie.

Zwei seltsame Geschichten

«Das müssen Sie lesen!» sagte der Buchhändler, gab uns ein Buch in die Hand und fügte bei: «Am französischen Fernsehen ist die Geschichte auch gekommen!» Wir betrachteten es nicht unbedingt als Empfehlung, wenn etwas an irgend einem Fernsehen gekommen ist – eher im Gegenteil. Aber wir lasen die Geschichte trotzdem. Sie heisst, auf Deutsch übersetzt: «Ein Regiment verschwindet in einer Wolke» und steht im Band «Histoires magiques de l'Histoire de France», obschon sie überhaupt nichts Französisches betrifft. Das Buch wurde von Louis Pauwels und Guy Breton geschrieben. Und diese Geschichte ging so:
Im Ersten Weltkrieg, Frühjahr 1915, unternahmen britische Truppen einen Angriff auf die Halbinsel Gallipoli mit dem Ziele, die mit Deutschland verbündete Türkei aus dem Krieg herauszudrängen. Der Angriff war so miserabel geplant und durchgeführt, dass er sofort festfuhr. Daraufhin unternahm man weiter nördlich, bei der Suvla-Bucht, eine weitere Aktion, die ebenso miserabel geplant und durchgeführt war. Sie lief gleichfalls fest. Einer der Geländepunkte, um deren Besitz gerungen wurde, war der Hügel 60. Auf ihn wurde am 21. August 1915 ein Angriff befohlen, den australische und neuseeländische Truppen ausführen sollten. Er wurde kein Erfolg. Und nun sagt die oben erwähnte Geschichte: zu deren Unterstützung sei das britische 5. Regiment Norfolk eingesetzt worden, das noch etwa 400 Mann stark war. Was dann geschah, war sehr merkwürdig. Der Himmel war klar, aber über dem Hügel 60 lag eine dicke Wolke, darüber weitere sechs Wolken, die vom leichten Südwind nicht vertrieben wurden. Ein Soldat namens Reichart vom 3. Zug der 1. Kompagnie der neuseeländischen Sappeure fand das bemerkenswert. Er sah darum schärfer hin, als die Männer vom 5. Regiment Norfolk den Hügel erstiegen, in Achterkolonne. «Ob sie's wagen, in die Wolken hineinzumarschieren?» fragte er einen

Kameraden. Sie wagten es. Reichart sah weiter zu und wartete darauf, dass man die Soldaten wieder aus der Wolke herausmarschieren sähe. Aber sie kamen nicht. Statt dessen hob sich die Wolke langsam aufwärts – und auf dem Hügel 60 sah man keinen einzigen Menschen mehr. «Wo sind die Engländer?» rief Reichart. Sie waren vom Erdboden verschwunden. «Man fand nie mehr auch nur eine Spur des 5. Regiments Norfolk» meldet besagtes Buch. Die rund 400 britischen Soldaten waren von der Wolke verschluckt und hinweggetragen worden, scheint's...
Leute, die an fliegendes Küchengerät und dergleichen Mumpitz glauben, werden diese Geschichte mit Begeisterung als Stütze ihrer Ansichten aufnehmen. Uns hingegen hat es interessiert, wie sich die Sache wirklich verhielt. Und das war so:
Bei dem Angriff vom 21. August 1915 auf den Hügel 60 war es für das 5. Regiment Norfolk ungeheuer leicht, nicht gesehen zu werden. Es wurde am Hügel 60 nämlich überhaupt nicht eingesetzt. Hingegen versuchte eine Kompagnie der 10. Irischen Division, die kämpfenden Australier und Neuseeländer zu unterstützen, und sie wurde im Kugelhagel der türkischen Maschinengewehre so gut wie aufgerieben. Keine Wolke hingegen kam, um die Leichen wegzutragen – sie lagen am Ende des Tages noch dort, wo sie gefallen waren. Ende der Tatsachen über den Hügel 60 am 21. August 1915.
Dem 5. Regiment Norfolk hingegen geschah auf Gallipoli tatsächlich etwas Ungutes. Es war Bestandteil der 163. Brigade in der 54. Division, kommandiert von Oberst Sir Horace Beauchamp, eingesetzt am rechten Flügel am 11. August 1915 bei einem Angriff auf den Scimitar-Hügel, 3 km nördlich des Hügels 60. Was dabei geschah, nennt die Geschichte des Feldzugs «eine der kleineren, aber erschreckenden Tragödien des Krieges». Der Kommandant Sir Horace Beauchamp war ein selbstbewusster Kavallerieoffizier, der in den Kolonien gegen Eingeborene erfolgreich gekämpft hatte. Nach allem, was wir über ihn in Erfahrung bringen konnten,

war er just jener Typ von Offizier, den man in Kriegszeiten auf gar keinen Fall mit einem Kommando betrauen soll, ausser mit dem Anführen einer Fassmannschaft weit hinter der Front. Also der Typ, den man in allen Armeen vorzugsweise zu Kommandanten von Fronttruppen macht.

Sir Horace war offenbar der Meinung, die türkischen Verteidiger seien auch nicht viel anders als die Farbigen, gegen die er schon Truppen ins Feld geführt hatte. Jedenfalls liess er jede militärische Vernunft beiseite und führte seine 250 Mann und 16 Offiziere geradenwegs und weit vor anderen britischen Truppen auf die Türken zu. Dabei hielt er ein Spazierstöcklein in der Hand, mit dem er die Soldaten, die ihm folgten, zu mutigem Tun heranwinkte. Das ging nicht lange gut. Die Türken liessen die britischen Soldaten näherkommen und warteten, bis die in ein hindernisreiches Buschgelände geraten waren und jede Ordnung verloren. Dann mähten sie die Briten mit Maschinengewehren nieder.

Einer Handvoll britischer Soldaten gelang es, lebendig den Rückzug anzutreten. Den anderen aber geschah, was der Oberkommandierende des Gallipoli-Unternehmens, General Sir Ian Hamilton, folgendermassen beschrieb: «Nichts wurde jemals wieder von ihnen gesehen oder gehört. Sie drangen in den Busch ein und waren seither verloren. Nicht einer von ihnen kam jemals zurück.» Der Historiker Henry W. Nevinson erklärte dazu: «Man kann nicht daran zweifeln, dass ihre Gebeine zwischen den Bäumen und Büschen am Fusse jenes dunklen und schicksalsschwangeren Hügels liegen.» Von irgendeiner Wolke ist nicht die Rede. Ausser von der Wolke von Aasfliegen, die dort ein Festmahl fanden.

So also ist das mit der seltsamen Geschichte. Wir finden, sie sei seltsam genug in der Art, wie sie wirklich geschah. Es braucht, meinen wir, keine Verfälschung und keine mysteriösen Wolken, um sie ergreifend zu machen. Aber irgendein zusammenphantasierter Bockmist hat eben beim meisten Publikum grösseren Erfolg...

*

Die Schachtel mit den Briefmarken, von der Korrespondenz ausgeschnitten, war wieder einmal voll. Es wurde Zeit, die Briefmarken abzulösen und zu versorgen. Just das taten wir also. Und dabei fiel uns eine australische Marke in die Hand, 2 Shilling und 3 Pence Frankaturwert, lieblich lila, worauf ein Esel zu sehen war, auf dem ein Verwundeter sass. Daneben ging ein Mann in mehr oder weniger Uniform. Eine von drei Marken, herausgeben 1965 für ANZAC Day, was der 25. April ist, an dem man in Australien und Neuseeland der Gefallenen beider Weltkriege gedenkt. «Seltsam!» dachten wir: «Für gewöhnlich druckt man auf eine militärische Gedenkmarke einen General zu Pferd, aber nicht einen Sanitätssoldaten mit einem Esel!» Dahinter musste eine Geschichte stecken. Und sie steckte wirklich. Nämlich diese:
Im April 1915, neun Monate nach Beginn des Ersten Weltkrieges, landeten britische und französische Truppen auf der türkischen Halbinsel Gallipoli, um in der mit Deutschland verbündeten Türkei eine zweite Front zu eröffnen. Am 25. April in der Morgenfrühe wurden Soldaten des australischen und neuseeländischen Armeecorps, dazu eine Handvoll Truppen aus Indien und Ceylon, mit kleinen Booten gelandet. Die Türken hatten das Manöver erkannt und knallten mit Maschinengewehren und Gewehren die Landenden nieder. Es gab ein grässliches Blutbad, aber ein kleiner Landekopf konnte gehalten werden. Er hiess ANZAC Cove; ANZAC war die Abkürzung für «Australian and New Zealand Army Corps». Durch einen Navigationsfehler wurden die Truppen zwei Kilometer nördlich des vorgesehenen Strandes gelandet – just an dem Ort, von dem Experten vorher festgestellt hatten, dass man hier auf gar keinen Fall Truppen landen konnte. Es war nicht der einzige Fehler, der beim Gallipoli-Feldzug begangen wurde.
Unter den überlebenden Soldaten befand sich auch ein Sanitätssoldat mit Namen John Simpson. Er gehörte zur dritten australischen Ambulanz und fiel durch sein Verhalten sogar unter den Australiern auf – was etwas heis-

sen will. John Simpson war als Kind nach Australien ausgewandert worden und stammte eigentlich aus der Grafschaft Durham im Nordosten Englands. Sein wirklicher Name lautete John Simpson Kirkpatrick, aber den Kirkpatrick liess er später weg. Simpson passte auch wesentlich besser zu ihm, denn er war, wie der alttestamentalische Simson, ein Mann von grosser Körperkraft. Und zudem von einem eigenwilligen und starken Charakter. Einmal war er faul wie ein Stück Dreck, ein andermal fleissig wie ein Gespann Ochsen, gut aufgelegt war er immer, und für seine Vorgesetzten war er ein Greuel. Und von einer sauberen Uniform und geputzter Ausrüstung hielt er sowieso nichts.

Nach der Landung an ANZAC Cove sah man den Sanitätssoldaten Simpson eine Zeitlang Verwundete in Sicherheit bringen – und dann war er verschwunden. Man glaubte, die Zahl der Gefallenen habe sich um einen vermehrt. Es ging aber gar nicht lange, bis John Simpson wieder auftauchte – mitsamt einem kleinen Esel, den er gefunden und mitgenommen hatte. Esel gehörten nicht zum reglementarischen Bestand der Feldambulanz, aber deren Kommandant hatte Sinn für Simpsons vierbeiniges Geländevehikel und liess beide machen. Es erwies sich als sehr zweckmässig. Wo immer geschossen worden war und es Verletzte gegeben hatte, tauchte Simpson auf. Den Esel liess er in Deckung zurück. Er selber kroch zu den Verletzten, packte sie auf die Schulter und rannte mit ihnen zurück hinter die Frontlinie. Entweder hatten die türkischen Scharfschützen, die das Leben auf Gallipoli zur Hölle machten, Verständnis für Simpson – oder er hatte ganz einfach Glück. Ihm geschah nichts. Wenn er die Verletzten zurückgebracht hatte, lud er sie auf seinen Esel und brachte sie zum Verbandplatz. Zahllose Soldaten verdankten ihm ihr Leben. Und seinem Esel auch.

Der Esel – Jack wurde er getauft – war kein kleines Problem für die Feldambulanz, die für so ein Tier nicht eingerichtet war. Simpson fand aber Leute, die seinen Esel versorgten. Das waren indische Maultierführer einer

Batterie von Gebirgsgeschützen, die in der Nähe lag. Sie nannten den Sanitätssoldaten «Simpson den Tapferen» und kümmerten sich rührend um den Esel.
Alles ging gut bis zum 19. Mai, nahezu einen Monat lang. Dann traf eine Kugel den tapferen Simpson ins Herz. Er war sofort tot. Am Abend begruben ihn seine Kameraden, bastelten ein Kreuz, schrieben drauf «John Simpson» und steckten es in die Erde. Als nach Ende des Krieges die Mitarbeiter der Commonwealth War Graves Commission nach Gallipoli kamen und in 31 Soldatenfriedhöfen das begruben, was von den 34 000 britischen Gefallenen noch gefunden werden konnte, bekam auch John Simpson sein offizielles Grab. Es liegt im Beach Cemetery an der ANZAC Cove. Das Register am Eingang sagt Ihnen, wo sie es finden. Es ist aber nicht sehr wahrscheinlich, dass Sie nach ANZAC Cove kommen. Der Strand ist noch nicht zu einem Badeort entwickelt. Zu viel Blut, Blei und Eisen sind dort noch im Boden.
Was mit dem Esel Jack geschah, ist nicht sicher. Die einen sagen, er sei von den indischen Maultiertreibern mit nach Indien genommen worden und dort eines natürlichen Todes gestorben. Eine andere Quelle behauptet, der Esel Jack sei von der gleichen Maschinengewehrsalve getötet worden wie sein Meister John.
Sie können John Simpson und seinen Esel Jack übrigens auch anderswo besuchen. In Australien. In Melbourne. Das ist wesentlich leichter zu erreichen als ANZAC Cove auf Gallipoli. Dort steht ihr Standbild. Es war auf der Briefmarke von anno 1965 abgebildet. Es zeigt den Sanitätssoldaten John Simpson, seinen Esel Jack und auf dessen Rücken einen Verwundeten, den beide in Sicherheit brachten. Niemand, fanden die Australier, war mehr dazu berufen, zum 50. Jahrestag der Landung auf Gallipoli mit drei Briefmarken geehrt zu werden.

Gruss aus Sardinien

Glauben Sie, wir seien in Sardinien? Einen Dreck sind wir dort. Wir werden doch nicht ausgerechnet nach Sardinien fahren, wenn unsere sämtlichen Bekannten dort sind! Jedenfalls: nach den Postkarten zu beurteilen, die uns laufend erreichen, und nach den Erzählungen lieber Freunde, muss diesen Sommer ganz Basel in Sardinien a) gewesen sein, b) noch sein, c) sein werden. Und wo ganz Basel war, ist oder sein wird, möchten wir lieber keine Ferien machen. Es genügt uns schon, wenn ganz Basel das Jahr über in Basel ist.
Natürlich waren wir schon in Sardinien. Es gab einst eine Zeit, in der wir Inseln sammelten. Sie ist noch gar nicht lange her, aber sie kommt einem vor wie das Paläozoikum. Sie wissen: Damals, als die Panzerlurche den Schachtelhalmen Gutnacht sagten und die Trilobiten sich in den Schiefer einnisteten. So vor 300 Millionen Jahren.
Auf den Inseln waren wir damals der erste Tourist seit Menschengedenken. Jedenfalls der erste mit friedlichen Absichten, denn es hatte ja einige Zeit vorher den Zweiten Weltkrieg gegeben, der die Inseln mit Zwangstourismus überzog. Die Reste davon standen noch herum: Mobiliar der Wehrmacht, der British Navy und der US Army, von den Inselbewohnern rechtzeitig versteckt und von den Besitzern vergeblich gesucht. Man sass recht bequem darauf. Damals reisten wir auch einmal nach Sardinien.
Zwecks Hinreise bestiegen wir in Bonifacio (Korsika) ein Schifflein, das sich Dampfer nannte, wohl weil der Kapitän ständig eine Zigarette im Mund hielt, wenn er auf der Brücke stand. Es umfasste so wenige Tonnen, dass unser Rucksack ihm bereits Schlagseite machte. An Backbord. Zum Ausgleichen hielten wir an Steuerbord den Arm über die Reeling, und dann ging's wieder. Der Kapitän war eine Fundgrube für sardinische Informationen. Er sagte: «Sie müssen unbedingt Zuppa di Cozze

essen!» Unerfahren, wie wir noch waren, erklärten wir: «Ich esse nicht gern etwas, das jemand anderer schon gegessen hat.» Er sagte: «Cozze sind Muscheln.» Das sind sie tatsächlich. Der Botaniker nennt sie Mytilus galloprovincialis Lamarck, falls er etwas von maritimer Zoologie versteht. Auf französisch heissen sie Moules; das ist viel einfacher. Am ersten Tag auf Sardinien verlangten wir Zuppa di Cozze, weil das dort eine Spezialität ist. An jedem anderen Tag auf Sardinien verlangten wir es auch. Bekommen haben wir Zuppa die Cozze nie. Das ist immer so mit Spezialitäten. Verlangen Sie einmal in Basel Lachs à la Bâloise. Nirgends finden Sie ihn. Übrigens schmeckt er mies.

Die erste Nacht auf Sardinien verbrachten wir in Olbia. Dort gab es ein kleines Hotel, dessen Besitzerin sogar deutsch sprach. Als sie unseren Rucksack sah, wollte sie uns wieder hinauswerfen. «Wir hatten schon einmal solche Leute bei uns, und dann war das ganze Zimmer voll Schlangen und Kröten», rief sie, bleich vor unguter Erinnerung. Wir hatten keine Geziefer im Rucksack, wohl aber Photoapparate und Filme. Das machte uns nicht weniger verdächtig, nur anders. Wir durften übernachten, aber die Augen der Carabinieri waren auf uns gerichtet. Eine falsche Belichtung, und es wäre um uns geschehen gewesen.

Am nächsten Morgen nahmen wir den Zug nach Sassari. Es war tatsächlich der Zug, denn es gab keinen zweiten. Nachdem wir eingestiegen waren, war der Wagen besetzt. So klein waren damals die Wagen der sardinischen Eisenbahn. Die Strecke bis Sassari ist etwa 150 Kilometer lang. Gemäss Fahrplan legten wir sie in knapp sechs Stunden zurück. In Tat und Wahrheit ging es etwas länger. An jeder Station hielt der Zug an und der Lokomotivführer ging etwas Kühles trinken. Es war nämlich gerade eine Hitzewelle. Manchmal stieg der Konduktenur auf offener Strecke aus, spazierte dem Zug voraus und brachte dem Lokomotivführer etwas Kühles zu trinken. So kameradschaftlich waren die Eisenbahner auf Sardinien. Schon weil sie alle vom Kontinent stammten.

In Sassari war dann die Hitzewelle zu Ende und wurde von einem Scirocco abgelöst. Die Temperatur stieg von 40 Grad im Schatten auf 55 Grad im Schatten. Man konnte im Schatten Eier kochen, aber man musste darauf achten, dass auch nicht ein Pünktlein Sonnenlicht darauf fiel; sonst waren sie dort gebraten statt gekocht. Wir lebten jedoch nicht von Eiern, sondern von Gelati. Wenn man eine Portion nicht in zwei Minuten gegessen hatte, fing sie an zu sieden. Nach fünf Minuten war sie verdampft.

In Alghero waren wir auch. «Dort spricht alles spanisch!» sagte uns ein bekannter Professor, der 20 Sprachen perfekt sprach, ausgenommen seine Muttersprache. In Alghero sprach jeder italienisch. Aber es sprach tatsächlich jemand spanisch, nämlich der Besitzer eines Motorbootes. Wenn auch mit amerikanischem Akzent. Beziehungsweise umgekehrt. Er war von Beruf Zigarettenschmuggler an der Costa Brava. Wo man übrigens nicht spanisch spricht, sondern katalanisch. Die Sitten sind etwas verwirrt im westlichen Mittelmeer. Erst seit die Costa Brava ein Vorort von Köln und Zürich geworden ist, spricht man dort nicht mehr katalanisch, sondern man spricht deutsch. Und kocht auch so – brrr.

In Cagliari suchten wir emsig nach dem bekannten Kabinett, aber dann fiel uns noch rechtzeitig ein, dass wir uns geirrt hatten. Das Ding hiess «Kabinett des Dr. Caligari». Wir fanden aber sehr rasch den Fischmarkt. Am Geruch. Es war sehr einfach, die Fischmarkthalle von den Spaghetti zu unterscheiden. Die Spaghetti rochen nach Knoblauch, und die Fischmarkthalle roch nach Urin. Das kam daher, dass gerade keine Fische gefangen worden waren. Es herrschte Windstärke 5, und da fahren die Fischer nicht zum Fischen aus, weil sie sonst seekrank würden. Und weil keine Fische da waren und dufteten, roch man eben, was sonst so dort deponiert war...

Der König reist nach Dalmatien

Wenn Sie jetzt in der Sonne Dalmatiens herumliegen, wird Sie's keinen Deut interessieren, wie es früher dort so zuging. Deshalb berichten wir darüber. Und zwar von der Reise eines Mannes, der im Frühsommer 1838 dort dem Studium von Pflanzen oblag. Denn Botanik war das Steckenpferd dieses Friedrich August II., König von Sachsen, gerade 41 Jahre alt geworden. Im Jahr zuvor war von ihm eine Marienbader Flora erschienen, deren geologischer Teil postum von einem anderen Fürsten stammte, nämlich vom Dichterfürsten J. W. von Goethe. Von der Reise durch Dalmatien gibt es eine Schilderung, 264 Seiten dick, die ein Dr. Bartolomeo Biasoletto schrieb, auf italienisch. Eine deutsche Übersetzung besorgte Eugen Freiherr von Gutschmid; wie sich's für ein deutsches Buch geziemt, ist sie voller Fussnoten, worin der Übersetzer die Fehler des Verfassers verbessert. Was nötig war, denn Biasoletto hatte von Kunst und dergleichen Bagatellen keine grössere Ahnung als die heutigen Touristen. Die Kathedrale von Trogir, ein fast rein romanisches Werk, nannte er unbekümmert gotisch. Er war jedoch in guter Gesellschaft des Übersetzers, der ebenso banausisch in einer Fussnote erklärte, in Trogir gebe es ausser dem Dom nichts zu sehen, und die Festungsmauern, weil verfallen, seien sowieso keiner Erwähnung wert. Heute sind sie Sehenswürdigkeiten.
Der König der Sachsen schiffte sich, weil Strassen in Dalmatien damals selten und zudem mies waren, in ein «neues, elegant eingerichtetes Dampfschiff» ein, das «Graf Mittrowsky» hiess; Begleiter waren ausser den Dienern: der Obersthofmeister, ein Oberst als Adjutant und ein Leibarzt, dazu Dr. Biasoletto. Viel mehr Leute hätten auf dem Dampfer auch nicht Platz gehabt. Für die Begleiter war die Reise kein reiner Schlegg. Bei Landausflügen kroch der König nicht nur in nasse Höhlen, stieg an glitschigen Abgründen herum, kümmerte sich nicht um Sonne oder Regen und blieb an den unmöglichsten

Stellen sitzen, um die Landschaft oder Details zu zeichnen. Er stand auch ständig an Deck, betrachtete durch ein geliehenes Fernglas die Küste und wollte über alles Bescheid bekommen. Und – noch ärger – kaum wieder irgendwo gelandet, erklomm der König die nächsten erreichbaren Berge, auf die's natürlich keine Wege gab, und da niemand von seinen Begleitern auf den Gedanken kam, etwas Trinkbares mitzunehmen, litten alle an Durst. Dafür wurden sie mit gesammelten Pflanzen beladen, ebenso mit losgehackten Versteinerungen, und durften in der Sonne herumsitzen, während der König Skizzen macht.

Es war aber keineswegs weniger beschwerlich, wenn man bei einer Ortschaft landete. Das erste, was geschah: der jeweils höchste Beamte erschien in vollem Ornat mitsamt seinem Stab. Dann wurde der König in die Kirche getrieben, wo für ihn ein Betstuhl bereitstand und der höchste Priester eine Messe zelebrierte, die der König mit Erbauung anzuhören hatte. Noch nicht genug; es folgte ein Rundgang zu den übrigen Sehenswürdigkeiten, mit besonderem Gewicht auf allen Reliquien, an denen die Kirchen Dalmatiens reich sind, weil's von dort nicht mehr so weit ist zu den heiligen Orten, wo man sie früher stehlen konnte. Zu den nächsten königlichen Pflichten gehörte eine Probe aller beim jeweiligen Orte wachsender Weine, von denen der Bericht schrieb, es seien zwar nur Landweine gewesen, aber sie hätten's mit vielen Weinen aus europäischen Fürstenkellern aufnehmen können. Daraufhin kam die Bevölkerung an die Reihe, die bisher nur huldigend herumgestanden war. Bei Trogir sah das so aus: Ein grosser Haufen Volkes war beidseits der Strasse aufgestellt, «Landleute aus den benachbarten Dörfern, die der Durchreise des Königs zu Ehren herbeigeströmt waren. Die Strecke Wegs hatten sie mit frischen Blumen bestreut. Als der König sich näherte, nahmen sie alle, gleichsam andächtig, ihre Mützen ab, und die Weiber machten eine anständige und ehrerbietige Verneigung, als ob es ihnen zuvor erst wäre eingelernt worden. Der König liess sich herab, mit ihnen zu

sprechen, und dankte ihnen huldvoll und freundlich für die erwiesene Aufmerksamkeit. Dass die geringen Zeichen ihrer Huldigung wohl aufgenommen worden waren, erfüllte die Herzen dieser braven Leute mit der lebhaftesten Freude.»
In Salona, Geburtsort des römischen Kaisers Diocletian, gab's eine zusätzliche Überraschung. Der Gemeindevorsteher Pietro Sperac lud den König in sein Haus ein; «er bat inständig, dass eine so grosse Gunst ihm doch zu Theil werden möge», steht im Bericht. König Friedrich August liess sich einmal mehr herab und stieg die Treppe zur Behausung empor, bewunderte von dort die Aussicht, kostete den von Sperac gekelterten Wein aus den Ruinen von Salona – und dann stellte Sperac dem König seine Frau vor. «Obschon gut angezogen, zeigte sie sich doch gerade nicht in ihrem höchsten Glanze, da sie ganz und gar nicht daran gedacht hatte, dass ein Sachsenkönig so gütig und herablassend sein könnte, ihr Haus mit einem Besuche zu beglücken.» Auch eine Tochter wurde vorgeführt, und beide Frauen «erregten unser aller Bewunderung».
So ging's von Ort zu Ort: Empfang, Kirche, Rundgang, Kostproben, Herablassen und so weiter. Die Bevölkerung wird vom Berichterstatter am Rande miterwähnt, eher als kuriose Art von Fauna – so wie das Touristen heute ja auch tun. In Orebić zum Beispiel «unterscheiden sich die Frauen durch ihre eigentümliche Art, sich zu kleiden. Sie wenden mehr Sorgfalt auf sich selbst und setzen ihren Stolz in ihre bizarre, aber deswegen gerade nicht besonders elegante Tracht. Der Hauptstaat besteht in dem Hut, den sie beständig auf dem Kopf behalten, und der mit Blumen, mit kostbaren Federn, mit seidenen Bändern und anderm dergleichen Putz besetzt ist. Die Form des Hutes ist auch ganz absonderlich, oder vielmehr unförmig und geschmacklos.» Und im selben Orte Orebić kam auch eine alte Frau, «offen und treuherzig, wie hier alle sind», und brachte zwei sechsjährige Mädchen «einzig und allein, damit die beiden Kinder Seiner Majestät sich zu Füssen werfen und immer dessen einge-

denk bleiben» konnten. Dann bat sie den König in ihr Häuslein. «Den inständigen und doch bescheidenen Bitten einer so schlichten und gutherzigen Person gab der König nach.» Das Häuslein hatte einen Garten mit seltenen Pflanzen, die Wohnung war «einfach, aber anständig und reinlich». Die Frau setzte dem König und seiner Begleitung «limonadeförmige Erfrischungen von Früchten vor, die sie gleich von den vor dem Hause stehenden Bäumen pflückte». Die Besucher konnten's brauchen, denn sofort anschliessend stieg der König mit ihnen auf den nächsten Berg, der Vipernberg heisst, und das mit vollem Recht.

Die Reise des sächsischen Königs Friedrich August II. von anno 1838 hinterliess Bleibendes. Erstens den Reisebericht. Zweitens Aufregung in Montenegro, das er auch besuchte – aber das ist eine eigene Geschichte wert. Und drittens entdeckte er eine Pflanzenart, die nun nach ihm Saxifraga Friderici Augusti heisst. Saxifraga nicht, weil er Sachse war, sondern weil es eine Steinbrech-Art ist, die auf lateinisch halt so heisst.

*

Als der König von Sachsen, Friedrich August II., tief im Süden ankam, im österreichischen Cattaro, heute Kotor geheissen, erfuhr der Fürst und Bischof von Montenegro davon. Noch nie hatte ein ausländischer Herrscher sein Ländlein Montenegro, knapp 90 geographische Quadratmeilen klein, hoch in den Bergen gelegen, auch nur am Rande besucht. Ausserdem gehörte Montenegro de jure noch zur Türkei, aber die Türken hatten es aufgegeben, sich mit den freiheitsliebenden, wilden Bergbauern herumzustreiten, die gemein genug waren, grosse Türkenheere blutig zu besiegen. Der Besuch eines Königs würde das Ansehen Montenegros unerhört heben – das dachte sich Fürst und Bischof Petar II. Petrović Njegoš, der zugleich Reformer und ein grosser Dichter war. Folglich lud er den König zu einem Staatsbesuch ein. Friedrich August hoffte, dass es in Montenegro vielleicht Pflanzen gäbe, die er noch nicht kannte.

Am 31. Mai 1838 stieg die königliche Gesellschaft zu Pferd, mit einer Eskorte von 50 Mann, die mit Flinten, Pistolen und Kurzsäbeln bewaffnet waren – für alle Fälle. Zunächst gab es eine Strasse. Dann artete sie in einen Weg aus, darauf in einen Pfad, und dann begann die Wildnis. Es ging immer aufwärts. Plötzlich ertönten Schüsse, die aber nur Begrüssungssalut waren, und hinter einem Felsen trat die hohe Gestalt des Bischofs hervor. Für den König war ein Steinsitz bereit, mit einer Decke belegt, man trank aus einer Quelle, und der Bischof sagte zum König: «Wenn Du nicht in meine Hauptstadt kommst, so ist das, wie wenn Du nach Rom gehst und den Papst nicht siehst.» Der Bischof litt nicht an Minderwertigkeitsgefühlen. Man stieg wieder auf die Pferde und ritt bergan, begleitet von baumlangen Montenegrinern mit roten Kappen, weissen Gewändern mit Shawls als Gürteln, in denen je zwei Pistolen und ein haarscharfes Messer steckten, mit Opanken an den Füssen und rasierten Köpfen, die vorne ein Schnurrbart und hinten ein Haarzopf zierten.

Auf der Passhöhe stand eine rohe Steinhütte, aus der eine ungehobelte Tafel herausgetragen wurde, darauf ein gebratener Hammel lag. Der Koch schnitt mit dem Messer Stücke und verteilte Brot, und König, Bischof und Gesellschaft assen stehend das einfache Mahl. Dann gab es Käse, Milch, Wasser und Wein. Die Reise ging weiter, es wurde wacker in die Luft geknallt, und als man um acht Uhr abends endlich bei der Hauptstadt ankam, knallten dort auch noch sämtliche Kanonen Montenegros. Alle drei.

Der König wurde in den Palast geführt. Der war recht bescheiden; fünf kleine Zimmer mit je zwei Fenstern, dazu ein paar winzige Stuben. Im grössten Zimmer, gross genug für ein richtiges Bett, schlief der König. Am nächsten Morgen gab's einen Rundgang. Bischof Petar zeigte dem König die klcine Druckerei, die er eingerichtet hatte, und überreichte dem König ein noch druckfeuchtes Gedicht, von Petar in der Nacht über den hohen Besuch geschrieben. Der König wurde auch vor ein

Kästlein aus Nussbaumholz geführt, in dem eine kostbare Trophäe lag: das getrocknete Haupt des türkischen Pascha Mahmud, der am 22. September 1796 im Kampf gegen die Montenegriner mitsamt seiner Armee ums Leben gekommen war. Die scharfen Messer der Bergbauern waren Mehrzweckinstrumente: man konnte mit ihnen Hammel kastrieren, Speisen zerkleinern, Hühner schlachten, in den Zähnen stochern, am liebsten aber Türkenköpfe abschneiden. Neben der Residenz des Bischofs gab es eine Kephalothek – einen Raum, in dem die türkischen Köpfe auf Schäften aufbewahrt wurden, wenn sie lange genug auf den Spiessen des Turmes Tablja gedörrt hatten. Man ging in das Senatsgebäude: eine Lehmhütte, darin eine Feuerstelle und drum herum ein Dutzend Steine als Sitze für die Senatoren. Freilich war bereits ein neues Haus im Bau, die berühmte Biljarda, mit 25 Räumen, davon zwei Küchen; es sollte Platz für sämtliche privaten und offiziellen Funktionen von Fürstbischof und Staat bieten.

Dann gab's das Mittagessen, mit Zuckerwerk und Glace, die ein österreichischer Deserteur zubereitet hatte, dazu Champagner und süsse Dessertweine. Musik gab's auch: ein Diener sang Heldenlieder und begleitete sich auf der Guzla, was den Chronisten Biasoletto zur Bemerkung veranlasste: «Eine so eintönige Musik kann nur einem hier einheimischen Ohr gefallen, ergötzt aber nicht sonderlich denjenigen, der die Lieblichkeit unserer Instrumente und Accorde in der Musik kennenlernte und die melodienreichen und magischen Compositionen der civilisierten Welt vernahm.» Bevor der König sich auf den Heimweg machte, schenkte er dem Fürstbischof Petar II. einen Ring mit den Buchstaben FA aus Diamanten.

Die Abreise war sehr würdig. Für den König stand ein Pferd «türkischer Race» bereit, mit höchster Eleganz und Pracht aufgezäumt. Die Begleiter bekamen Maultiere, ein Zug der bischöflichen Leibgarde diente als Eskorte, die Flinten der Bevölkerung und alle drei Kanonen schossen, dass der Pulverdampf die Sicht vernebelte, und der Weg ging in Richtung Budva, wohin ein etwas weniger miserabler Weg führte. «Das Auge ward nicht mehr durch schroffe Felshänge, durch schauerliche Tiefen erschreckt. Auch zeigten sich dann und wann sehr schöne Pflanzen, deren Seltenheit mehrmals den König veranlasste abzusteigen.» Fürstbischof Petar II. wartete jeweils würdevoll, konnte sich aber der Bemerkung nicht enthalten, dass es in Montenegro zwar alle möglichen Gräser gebe, dass aber kein Mensch auf den Gedanken komme, sie zu betrachten und gar zu sammeln. Wozu auch, wenn's schöne Türkenköpfe zum Sammeln gab? Der Chronist Biasoletto erklärte dem Bischof, er solle doch alle in Montenegro wachsenden Pflanzen sammeln lassen, damit man ein Herbarium anlegen könne, und gab ihm an, wie man sie am leichtesten trocknet und aufbewahrt. Petar II. jedoch erklärte: dafür habe er keine Zeit.

An der Landesgrenze angekommen, verabschiedeten sich König und Fürstbischof. Petar sagte, er wäre gern noch weiter mitgeritten, aber er sei etwas beunruhigt, weil er seit einem Tag keine Nachricht von den Seinen erhalten habe, die in der Herzegowina auf Türkenjagd gegangen waren, und deshalb müsse er zurück in seine Residenz Cetinje. Es gab zum Abschied wieder eine muntere Knallerei. In Budva, das man vorwiegend zu Fuss erreichte, weil die Pferde auf den Felsenpfaden keinen rechten Halt fanden, standen schon die Behörden bereit, führten den König in die Kirche und dann zum Strand, wo ein Militärspiel zu musizieren anhub. Dann fuhr man per Boot zum Dampfschiff. Auch die Musik kam mit «und liess während der Mahlzeit die Luft von melodischen und freudigen Akkorden ertönen. So endete dieser merkwürdige Tag, an dem wir das geheimnisvolle, so gefürchtete Montenegro besucht und die Merkwürdigkeiten seiner Residenz betrachtet hatten», schrieb der Chronist Bartolomeo Biasoletto zum Schluss.

*

Auch einen anderen Sachsen hat es nach Montenegro getrieben. Nicht der Blümlein wegen, wie zuvor den König, sondern weil er mit den Montenegrinern gegen die Türken kämpfen wollte. Er hiess Kutschbach, war ungeheuer jung und kam 1875 ins Land der schwarzen Berge, in dem damals Fürst Nikita I. Petrović Njegoš regierte, 34 Jahre alt. Die Zeit zum Kriegführen war günstig, denn im nördlichen Nachbarland, in Bosnien, hatten die Türken derart gewütet, dass gegen sie ein Volksaufstand ausgebrochen war. Da brauchte es Partisanen, selbst wenn die aus Sachsen kamen.

Jüngling Kutschbach kam also in der Hauptstadt Cetinje an und logierte sich mangels Hotels in der einzigen Locanda ein, wo auch die fürstliche Wache wohnte. Es gab nicht genug Besteck beim Essen, und wenn Kutschbach etwas später kam als die Wache, so leckte einer der Soldaten seinen Löffel säuberlich ab und gab ihn dem jungen Sachsen, damit der seine Suppe essen konnte. Nach ein paar Tagen ging Kutschbach zur Audienz bei Fürst Nikita und brachte sein Anliegen vor. Der Fürst sagte, er könne zwar schon Soldaten brauchen, aber Ausländer dürfe er erst nach Ausbruch eines Krieges in die Armee aufnehmen, und jetzt sei zufällig gerade kein Krieg ausgebrochen. Ob Kutschbach etwas warten könne? Lange würde es wohl kaum dauern...

Kutschbach vertrieb sich die Zeit in Cetinje, so gut die Metropole mit ihren 160 einstöckigen Häusern das gestattete. Er spielte mit den Kindern des Fürsten, die vor dem Palast auf der Strasse mit den Kindern aus der Stadt zu sandeln pflegten. Besonders gefiel ihm Prinzessin Helene wegen ihrer wunderschönen dunklen Augen. Später gefielen die auch einem italienischen Prinzen namens Vittorio Emmanuele, der Helene 1896 heiratete – und vier Jahre drauf war sie Königin von Italien. Auch Erbprinz Danilo spielte vor dem Palast im reichlich vorhandenen Strassenstaub – Danilo kennen Sie vielleicht, denn er kommt in Lehars «Lustiger Witwe» vor. Das Strassenleben gehörte in Cetinje zum Alltag der fürstlichen Familie – die Mutter des Fürsten pflegte auf einem Stein am Strassenrand zu sitzen, endlos lange Strümpfe zu stricken und sie dann zu verschenken. Zu ihrem

Schutz stand ein Leibgardist neben ihr, der ihr den heruntergefallenen Wollknäuel aufheben musste.
Eines Tages wollte Kutschbach einen Brief aufgeben und ging zur Post. Dort sass am Telegraphenapparat der Fürst und tickte Morsezeichen in die Taste. Am anderen Ende des Drahtes, in Belgrad, sass Fürst Milan Obrenović, Herrscher von Serbien. Die beiden unterhielten sich telegraphisch über ein nicht ungewöhnliches Thema – nämlich über den nächsten Krieg gegen die Türken. Fürst Nikita winkte den jungen Sachsen zu sich und sagte voll Ärger: Die Serben sind mit ihrer Rüstung sehr weit im Rückstand, und deshalb ist dieses Jahr leider noch nicht an einen Krieg zu denken. Vielleicht aber im nächsten Jahr... Das war dem unternehmungslustigen Sachsen jedoch zu ungewiss, weshalb er sich mit zwei aus Bosnien gekommenen Partisanen zusammentat, Costa Gruitsch und Miroslav Hubmajer geheissen. Letzerer war Schriftsetzer, stammte aus Slowenien und brachte es zu hohem Ruhm wegen der Zahl der Türken, die er umbrachte. Kutschbach nahm auch noch einen kleinen Albanier namens Pero mit, ein Waisenkind – damals waren Waisen im Balkan dicht gesät –, der noch mit Kinderstimme sprach, aber unbedingt gegen die Türken kämpfen wollte.
Wenn man so über Montenegro liest, muss man sich sagen: Damals hätte man dieses Land bereisen sollen! Heute ist Montenegro ein wunderschönes Land, in dem sich Touristen wohlfühlen, von Sveti Stefan bis Pljevlia, von Kotor bis Plav. Damals aber – also da passierten Dinge. Zum Beispiel in der Staatskasse. Da es noch keinen Tourismus gab und da die Frauen, denen der Anbau der winzigen Äckerlein und die übrigen Arbeiten oblagen, nur das Nötigste aus dem Boden herauswirtschaften konnten – die Männer führten entweder Krieg oder wandelten stolz, aber faul herum — war das Land auf Subventionen angewiesen. Die flossen reichlich in zahlreiche Kassen, inbegriffen in die des Fürsten. Russland zahlte allein 100 Millionen für Montenegros Armee, dazu das Doppelte für zivile Bedürfnisse, wobei der

Fürst ein Viertel auf seine Konten in London und Paris überwies – all das in knapp 20 Jahren. Österreich zahlte ebenfalls grosszügig jährliche Beiträge, dazu hohe Beträge für allerlei Sonderleistungen. In den achtziger Jahren nahm Fürst Nikita in Wien ein Darlehen von einer Million Gulden auf, rückzahlbar in zehn Raten zu 100 000 Gulden, die auch prompt bezahlt wurden – aber nicht von Nikita, sondern vom österreichischen Kaiser Franz Joseph aus dessen Privateinkommen; der wollte Montenegro günstig stimmen. Auch ein andermal deckte Kaiser Franz Joseph stillschweigend den Schaden: als die Post von Montenegro 60 000 Gulden zu wenig an Österreich zahlte.

Die Post Montenegros war übrigens eine bedeutende Einnahmequelle des Landes und hielt mit Briefmarkenausgaben nicht zurück, wie jeder Sammler weiss. Wenn Fremde in die Hauptstadt Cetinje kamen, setzte sich Fürst Nikita gern selber hinter den Postschalter und verkaufte ihnen Briefmarken. Ein seltener Fall, dass man einen Fürstenkopf nicht nur auf der Briefmarke sieht, sondern dass die fürstliche Zunge einem auch noch die Marken abschleckt und der fürstliche Daumen sie aufs Papier drückt und der Fürst sie auch noch stempelt.

Die ständigen Kriege mit der Türkei, die erst 1878 aufhörten, hielten den Sultan in Istanbul aber nicht davon ab, Nikita zu verwöhnen. Sultan Abdul Hamid, genannt «der Blutige», schenkte ihm eine Jacht mitsamt einem kostbaren Silbergeschirr. Das Geschirr verschwand eines Tages spurlos, worauf Abdul Hamid ein zweites schickte. Dennoch war Nikita anno 1912 der erste, der auf die Türkei losging und den Ersten Balkankrieg entfesselte. Zwei Jahre zuvor war er übrigens König von Montenegro geworden, anlässlich seiner 50jährigen Regierungszeit. Russland hatte für das Fest drei Millionen Rubel gespendet, was damals 6,8 Millionen Franken waren – sie gingen restlos fürs Fest drauf. Sogar eine elektrische Strassenbeleuchtung wurde in Cetinje eigens eingerichtet. Aber die Freude war von kurzer Dauer. Zwar trat Nikita mit seinem Land im Ersten Weltkrieg auf die Seite der späteren Gewinner, aber weder seine Alliierten noch seine eigenen Landsleute wollten ihn nach Kriegsende auf dem Thron haben. So ging er ins Exil nach Frankreich und starb am 1. März 1921 in Antibes, achtzig Jahre alt. Heute ist Montenegro – Crna Gora – ein Land Jugoslawiens, Nikitas Palast ist ein Museum mit dem schönsten Kitsch der Jahrhundertwende, und in Cetinje gibt es, was man bei den üblichen paar Metern Schneedecke im Winter früher kaum zu träumen gewagt hätte: eine Fabrik für Kühlschränke.

Deutsche Sprak schwer

Danken Sie, lieber Leser, den Göttern oder dem nächsten Ufo, oder woran sonst Sie glauben, für die Wohltat, dass Deutsch Ihre Muttersprache ist. Und wenn Sie es noch so miserabel sprechen und schreiben. Denn wenn Sie Deutsch lernen müssten – ohjemine. Deutsch scheint nämlich eine der Sprachen zu sein, die von den Göttern, den Ufos (oder wem sonst) im Zorne erschaffen und so schwer wie möglich gemacht wurde. Wenn man's genauer betrachtet, ist Deutsch überhaupt keine Sprache, sondern ein linguistischer Anreiz dazu, möglichst viele Fehler zu begehen. Und wenn es etwas gibt auf dieser Welt, dem jegliche Logik fehlt, so ist es gewiss die deutsche Sprache. Nehmen wir ein Beispiel. Was ist Weizenmehl? Mehl aus Weizen. Was ist Roggenmehl? Mehl aus Roggen. Was ist Knochenmehl? Mehl aus Knochen. Was ist Kindermehl? Eben. Doch fahren wir fort und verlieren wir uns nicht in Einzelheiten.
Nein, noch ein Beispiel. Wie schön ist's doch im vielgeschmähten Latein, dass es völlig Wurst ist, in welcher Reihenfolge man die Wörter eines Satzes sagt – immer kommt man spielend draus. Ob Sie nun sagen «habent sua fata libelli» oder «fata libelli habent sua» oder «sua fata libelli habent» – immer heisst's das gleiche. Nämlich: Libellen haben ihren Vater. Aber im Deutschen! Nehmen wir einen Tatbestand, der nach neusten Forschungen in unseren Familien alltäglich in Erscheinung tritt: «Der Mann schlägt seine liebe Frau.» Das kann man nur einmal verändern, ohne dass der Sinn entstellt wird, nämlich: «Seine liebe Frau schlägt der Mann.» Dreht man's anders, so kommen Sätze heraus wie «Liebe schlägt der Frau seine Mann» oder «Mann seine liebe der schlägt Frau», was der kristallnen Klarheit stark entbehrt.
Es ist natürlich verständlich, dass etwas so Verworrenes wie die deutsche Sprache den faustischen Drang der Wissenschaft auf sich gezogen hat. Deshalb ist ein Büch-

lein erschienen, das der deutschen Sprache mit den Mitteln der Forschung zuleibe geht, nämlich der «dtv-Atlas zur deutschen Sprache» von Werner König zu Augsburg am Lech. Apropos Lech: In diesem Zusammenhang ist gemeint: der Fluss namens Lech. Es gibt aber, wie wir einer Mitteilung der Österreichischen Fremdenverkehrswerbung entnehmen, auch eine Ortschaft namens Lech, die mit Basel eines gemeinsam hat: Sie betrachtet sich als auserwählten Kongressort. Lech liegt a) am Lech und b) am Arlberg. Letzteres fordert geradezu heraus zu der Aufforderung «lechen Sie mich am Arlberg», aber wir hüten uns, das zu schreiben, sonst wird man uns in Lech am Arlberg vielleicht böse.

Also zurück zum deutschen Sprachatlas. Das ist ein ungeheuer lesenswertes Büchlein, dem man es nicht übel ankreiden darf, dass es in einem Braun eingebunden ist, das man früher im nördlichen Nachbarland schon einmal gesehen haben muss. Es stehen ungemein lesenswerte Dinge darin. Auch unter den Beispielen, ohne die es ja in einem Sprachbuch nicht abgeht. Da findet man schon auf Seite 12 den Satz «Der Tourist gibt der schönen Sennerin ein Trinkgeld». Das ist grammatikalisch völlig richtig, aber in der Praxis muss der Tourist natürlich auch einer kreuzhässlichen Sennerin ein Trinkgeld geben, denn schliesslich hat sie ihn mit einem Kaiserschmarrn erlabt. Nur die Höhe des Trinkgeldes ist vielleicht eine weniger exorbitante als bei der schönen Sennerin, von der ein Tourist möglicherweise nach Verabreichung des Trinkgeldes eine Leistung erwartet, die über den Kaiserschmarrn in der Schüssel hinausgeht und die er durch das Trinkgeld aus dem Busche locken möchte. Der Tourist, der arge.

Überhaupt fängt der Atlas ganz zünftig mit Frauen an. Schon zehn Seiten weiter ist ihnen eine ganze Tabelle gewidmet, die's in sich hat. Da werden nämlich die Frauen eingeteilt, so wie's die Sprache befiehlt. Da gibt es erstens Frauen mit sexueller Erfahrung, bestehend aus Ehefrau, Mutter und Witwe. Über die Qualität der Erfahrung jedoch sagt die Sprache, die schlaue, nichts aus.

Während doch jeder freischaffende Mann weiss, dass etwa unter den Ehefrauen die Variationsbreite ungeheuer gross ist. Ohne sexuelle Erfahrung, sagt der Atlas, seien jedoch Mädchen, Jungfrau und Jungfer. Oh, hat der eine Ahnung! Zu den Realitäten jedoch kehrt er zurück beim Fräulein, das in die Kategorie mit und ohne sexuelle Erfahrung hineinlappt. Dann gibt es Frauen mit besonderen Eigenschaften, nämlich die unordentliche Schlampe, den dicken, plumpen Trampel, die böse, hässliche Hexe und so weiter. Das sind wieder solche am Schreibtisch konstruierte Definitionen. Wir kennen eine Schlampe, die mit ungeheurer Ordnungsliebe ihre Schlamperei aufbaut, und wir kennen einen allerliebst grazilen Trampel, und dass Hexen jung, knusprig, bildschön und herzensgut sein können, weiss jeder, der schon einmal von einer in ihren Bann gezogen wurde.

Das sind jedoch nur zwei von 220 Textseiten des Atlas. Noch viel mehr über die deutsche Sprache, die schwer Sprak des Riccaut de la Marlinière in der «Minna von Barnhelm», steht darin. Zahlreich sind die bunten Landkarten über die Verbreitung von Dialektausdrücken, denen man etwa mit Spannung entnimmt, dass man in Basel die Zündhölzer Kritzer oder Ripser nennt, das Kamin Kami und das Huhn Jühn, Juan, Jua oder Jue. Wörter, die wir in Basel noch nie gehört haben. Sehr spannend ist unter vielen andern die Tabelle über die Kasushäufigkeit. Im deutschen Grundgesetz, der Verfassung, kommen alle vier Fälle ziemlich gleich oft vor. Im grossen Durchschnitt der Umgangssprache kommen aber auf 41,6 Nominative nur 9,4 Genitive, 24,9 Dative und 24,1 Akkusative. Zum Glück fehlt das Baseldeutsch, in dem es ja nur Nominativ und Dativ gibt. Und wie spannend die Auszählung von elf Millionen Wörtern nach denen, die um 1900 am häufigsten verwendet wurden! An der Spitze steht – bitte erschrecken Sie nicht – das Wort «die». Was den Feministinnen gewiss ein Labsal sein wird. Erst an zweiter Stelle kommt «der», und an 38. Stelle kommen die Wörter «Frau werde derselbe ganzen deutschen lässt vielleicht meiner», die Ihnen Anregung dazu geben, aus ihnen einen sinnvollen Satz zu gestalten. Wie enthüllend die deutsche Sprache mit sich selber umgeht, zeigt die gleiche Statistik: An 32. Stelle kommen gleich häufig die Wörter Paragraph und Liebe vor...

Der «dtv-Atlas zur deutschen Sprache» wird Ihnen gewiss viel Freude machen. Und wär's nur die Freude darüber, dass Sie Deutsch, die schwer Sprak, nahezu mit der verdünnten Kondensmilch aus der Büchse oder gar mit der Muttermilch aufsogen und nicht ganz von Grund auf lernen mussten. So dass es Ihnen erspart blieb, im Atlas nachsehen zu müssen, wie man in Ihrer Gegend die Kartoffel nennt: Tüffel, Kantüffel, Duffel, Gromper, Erpel, Potakn, Ertüffel, Knülle, Nudel, Tüffelken, Grumbire, Erchtbohn, Erdbirne, Erdkästen, Bodabira, Grumbeere, Härdöpfu oder sonstwie.

Was nicht im Campingführer steht

Seit das Camping zu einer Industrie geworden ist, die jährlich ungezählte Millionen abwirft, ist es auch nötig geworden, Campingführer zu schaffen. Das sind handliche Büchlein im Format und in der Dicke von erfolgreichen Pornoromanen, und sie handeln auch von etwas Ähnlichem. Nämlich davon, wie man seine Nächte verbringen kann. In diesem Führer sind, fein säuberlich nach touristischen Regionen aufgeteilt, die Campingplätze der Welt verzeichnet, und jeweils ist angegeben, ob man sein elektrisches Glätteisen anschliessen kann, ob in der Nähe ein See zum erfrischenden Bade lockt, ob eine Verpflegungsmöglichkeit in der Nähe ist und was sonst der Freund des freien Lebens in der wilden Natur wissen möchte. Vor allem ist jeweils angeführt, was der Spass kostet. Denn bei einer richtigen Industrie kommt's ja auf das Verdienen an, und das Camping ist, wie gesagt, eine geworden.
So viel in diesen Campingführern steht – in manchem sind sie erstaunlich stumm. Es gibt da Dinge, die werden von den Campingführern mit einem Schweigen übergangen, dem gegenüber die uneheliche Schwangerschaft der Lieblingstochter einer alteingesessenen Basler Familie vom Daig geradezu mit überschwenglicher Publizität breitgetreten wird. Obschon wir für gewöhnlich Campingplätze mit der gleichen Hartnäckigkeit meiden wie Restaurants, an denen «ff Butterküche» oder «Menu Touristique» angeschrieben steht, haben wir doch hin und wieder Bekanntschaft mit einigen dieser idyllischen Flecklein Erde und jenen ihrer Eigenschaften gemacht, die nicht im Campingführer stehen.
Da gab es zum Beispiel einen Campingplatz an der italienischen Adria, der lag nahe einer Einrichtung, welche sich «Lido Florenz» nannte und damit kundtat, dass sie nichts mit Italienern zu tun hatte; indem diese ja noch immer hirnwütig darauf bestehen, die Kunststadt in der Toskana mit «Firenze» zu bezeichnen. Am Eingang des

Campingplatzes stand zu lesen «Heia Köln», und alle Anschriften waren auf rheinländisch, wobei allerdings symbolische Bildlein deren Sinn auch jenen klarzumachen versuchten, welche aus unerklärlichen Gründen dieser Sprache nicht mächtig sind. Da die anderen Campingplätze der Gegend mindestens gleich schlimm waren, mieteten wir uns für eine Nacht hier ein. Wir waren nicht die einzigen, die auf diesem Campingplatz die Nacht zubringen wollten. Ausser ungezählten Personen, die mit rheinischem Humor die laue italienische Nacht bei Tschianti durchschunkelten, gab es noch weitere Bewohner: Flöhe. Sie waren noch zahlreicher als die Kölner, und wenn auch weniger laut, so doch wesentlich bissiger. Drei Stunden lang hatten wir zu tun, um die gesamte Ausrüstung mit Insektenspray zu sättigen und den Flöhlein den Garaus zu machen. Im Campingführer aber fanden wir kein Wort von den Flöhen. Dort hiess es nur: «Reizvolle Lage beim nahen Meer.»

Mit ähnlicher Zurückhaltung werden von den Führern andere Naturereignisse übergangen, die sich bei Campingplätzen abwickeln. Wir kennen einen Platz, der liegt unmittelbar neben einer ausgedehnten Schweinezucht; von der wehen alle damit untrennbar verbundenen Gerüche hemmungslos herüber, ausgenommen an Tagen mit Ostwind. Dann sind's die Düfte des städtischen Kehrichtablageplatzes, die herüberwehen. Im Führer steht nichts davon. Das erinnert uns daran, dass ach so viele Gemeinden der Auffassung sind, Campingplätze gehörten unbedingt neben Abfallplätze. Vielleicht stammt diese Meinung noch aus der Zeit, da alle Campeure zum Abschaum der Menschheit gezählt wurden, weil sie ums Verroden nicht in Hotels wohnen wollten. Diese Auffassung hat sich, dank der mit Camping verdienten Millionen, inzwischen geändert. Die Campingplätze aber sind bei den Abfallhaufen geblieben. Und was steht von denen im Campingführer? Kein Sterbenswörtlein. Es heisst nur «Am östlichen Stadtrand gelegen».

In keinem Führer fanden wir auch jemals Angaben über jene freudigen Töne, die über Campingplätze hinwegschallen, wenn sie sich im Einzugsgebiet von Einrichtungen mit bedeutsamer Lärmentwicklung befinden. Bei Istanbul gibt es einen Campingplatz, über den donnern sämtliche Flugzeuge im Tiefflug, die den interkontinentalen Flughafen anfliegen oder verlassen. Bei Sarajewo gibt es etwas Ähnliches, nur weniger laut und weniger häufig beflogen. Der Campingplatz von La Charité-sur-Loire liegt ohne Lärmschutz bei einer Hauptverkehrsstrasse, über die jede Nacht der gesamte Gemüsetransport vom Midi nach Paris hinwegrattert. Und wenn dabei zufällig einmal eine Pause eintritt, so wird die akustisch dadurch ausgefüllt, dass die zahlreichen Toiletten des Platzes automatisch gespült werden, ob sie jemand benützt hat oder nicht. Und zwar jede Toilette einzeln und für sich, ohne Rücksicht auf die anderen oder gar auf das Ruhebedürfnis der Campeure.

Dass Campingplätze mit Vorliebe dort herumliegen, wo nebenan oder ringsum Etablissements der Vergnügungsindustrie bestehen, die von Mittag bis Mitternacht (meist noch länger) die Erzeugnisse der Plattenindustrie mit 200 Watt Musikleistung in die Luft knallen, ist ebenfalls eine Tatsache, die man in den Campingführern vergeblich sucht. Höchstens heisst es «Verpflegung im nahegelegenen Gartenrestaurant», oder so.

Sehr still und schweigsam sind die Führer stets dann, wenn es darum geht, Campeure vor Schaden zu bewahren. Ob das nun Überschwemmungen durch plötzliche Gewitter im Hinterland sind oder Bergstürze – im Führer steht keine Warnung davor. Ebensowenig liest man etwas von nahen Sümpfen, in denen Mücken verschiedener Spezies, aber gleicher Stechfreude brüten und sich ihr Essen aus dem Blutkreislauf der Campeure holen. Und wir haben es selber schon erlebt, dass ein Campingplatz auf trockenem Sand angelegt war, in dem jedes Auto so tief einsank, dass es nur durch Aufbietung der halben Platzbevölkerung wieder flottgemacht werden konnte. Im Führer? Nichts.

Man wird verstehen, dass wir nach all diesem etwas vorsichtig geworden sind, wenn wir beabsichtigen, eine

Nacht auf einem Campingplatz zuzubringen. So vorsichtig, dass wir ihn zuerst besichtigen möchten. Aber oha lätz! Als wir das dieser Tage tun wollten, auf dem Campingplatz Westende des Belgischen Touring-Clubs, wurden wir von der Aufseherin mit harten Worten weggewiesen. «Hier gibt es nichts zu besichtigen», sprach sie, «hier meldet man sich an, und damit basta!» So ist das eben mit dem freien Leben in der wilden Natur, das sich Camping nennt. Und so etwas wirft jährlich ungezählte -zig Millionen an Verdienst ab...

Einiges über Arnold Böcklin

Kunst, liebe Freunde, ist nicht nur das, was Künstler machen. Kunst ist ebenso das, was die Leute für Kunst halten. Und da auch Künstler mitunter etwas essen müssen, um am Leben zu bleiben, besteht zwischen beiden Arten Kunst ein Zusammenhang. Man kann ihn am Fall Böcklin sehr gut zeigen.
Anfangen tut's damit, dass man einem Menschen, der Künstler werden möchte, solches Vorhaben zunächst einmal ausredet. «Hungrige Künstler gibt's genug», sprach Vater Böcklin, als Sohn Arnold Künstler werden wollte. Dass Vater Böcklin kein Geld hatte, den Sohn Arnold auf Künstler studieren zu lassen, war unwesentlich – Künstler werden tat man überhaupt nicht, wenn man aus irgend einer ehrbaren Familie stammte. Die Kunstgeschichte lehrt, dass Arnold Böcklin dennoch Künstler wurde. Wer's nicht glaubt, kann's im Basler Kunstmuseum gegen bescheidenes Eintrittsgeld bestätigt sehen. Es folgte die zweite Phase: die Nicht-Anerkennung in der näheren Umgebung. Als A. B. zum ersten Mal ein Bild in Basel ausstellte, und erst noch ein sehr braves, rieten die Freunde des Vaters: «Einen solchen Sohn sollte man also wirklich zum Teufel jagen!» Und ein Freund von A. B., der Metzger geworden war, sagte: «Siehst du – mit meinen Würsten verdiene ich ganz schön Geld. Aber du mit deinen Bildern?» Der Künstler A. B. malte dennoch weiter.
Es kam die dritte Phase: der erste Erfolg. Ein paar Leute, die vielleicht nicht mehr verstanden als die anderen, aber besseres Gefühl in den Fingerspitzen hatten, kauften A. B. einige Werke ab. Sie taten es ziemlich diskret, weil man sonst von ihnen gesagt hätte «Die wissen scheint's nicht wohin mit ihrem Geld!» Aber das ermöglichte es Böcklin, sich und seiner Familie etwas zum Essen zu kaufen, was sie bitter nötig hatten. Die vierte Phase konnte nicht ausbleiben. Es sprach sich hinter den Kulissen herum, dass es da einen Maler A. B. gab, der recht

sonderbar malte, aber möglicherweise ein Geheimtip sein könnte. Und dieser Geheimtip gelangte zur Kenntnis einiger grosser Mäzene, die fanden: «Da komme ich also billig zu Bildern mit eventueller Zukunft! Wenn sie diese Zukunft nicht haben, kann ich sie ja noch immer wegwerfen oder als Hochzeitsgeschenke benützen – viel kosten sie ja nicht!»
Die Tatsache aber, dass diese Mäzene Böcklin-Bilder kauften, heizte den Markt an. Wer etwas gelten wollte unter Kunstfreunden, musste Böcklin-Bilder haben. In unserer heutigen Zeit wäre es nun so gekommen, dass der Künstler, dem das geschah, sein Atelier in eine Fabrik umgemodelt hätte und zum Grossproduzenten seiner eigenen Werke geworden wäre. «Man muss die Konjunktur ausnützen, so lange sie da ist!», heisst die Entschuldigung dafür. Bei Böcklin war es anders. Er schrieb, als er schon recht arriviert war, an einen Freund: «Ich will zufrieden sein, wenn ich ehrlich durchs Leben komme. Aber ungeschoren will ich sein und meine eigenen Wege gehen!» Das war seine Auffassung. Die Zeitgenossen waren anderer Meinung. Sie unterzogen sich den Gesetzen des heissen Marktes. Es wurde nicht nur Mode, à la Böcklin zu malen. Man musste auch, wenn man etwas gelten wollte im Vaterlande, Reproduktionen von Böcklin-Bildern im Salon und über dem Ehebett aufgehängt haben. Böcklin wurde obligatorisch.
Dabei blieb es aber nicht. Böcklin war noch nicht einmal richtig tot, als bereits die Reaktion einzusetzen begann. Zuerst hiess es: «Was alle haben, kann doch nichts Besonderes sein!» Damit verschwanden Böcklin-Drucke von den Wänden. Dann ging's weiter zu neuen Kunstrichtungen, die naturgemäss das genaue Gegenteil der vorherigen Kunstrichtung sein mussten – und damit verschwanden auch Böcklin-Originale von den Wänden der Sammler. Nur Kunstfreunde mit sehr viel Rückgrat wagten es weiterhin, Böcklin-Werke aufzuhängen. Der nächste Schritt war: Böcklin wurde zu einem Schimpfwort. Es wurde verboten, Böcklin gut zu finden und wer es dennoch tat, war der Lächerlichkeit preisgegeben.

Von diesem Moment an pflegt es ziemlich genau dreissig Jahre zu dauern, bis die nächste Phase kommt: die Neuentdeckung. Bei Böcklin war's so, dass eine neue Generation ohne persönliche Belastungen an Böcklins Bilder herangehen konnte und sie so sah, wie sie wirklich sind. Nicht als Bestandteile der elterlichen Wohnung und der Umwelt, in die man hineingeboren wurde, und die deshalb ein lästiger Zwang ist. Sondern als Werke, die man objektiv betrachten und nach ihrem eigenen Wert einschätzen kann. Und so etwas musste natürlich bei einem Künstler wie Böcklin dazu führen, dass seine Bilder plötzlich wieder zu hohen Ehren kamen. Glücklich das Museum, das im tiefen Keller noch irgendeinen Böcklin aufbewahrt hatte – er wurde herausgeholt, abgestaubt, neu gerahmt und an einen Ehrenplatz gehängt. Und die Museen, die bisher ihre Böcklins unter den «ferner liefen» gezeigt hatten, wenn auch oft mit Schamröte im Gesicht, schlugen sich nun an die Brust und sagten stolz: «Wir haben's ja immer gewusst!» Dasselbe gilt für jene privaten Besitzer, die sich nicht zu ihren Böcklins bekannt hatten, sondern ihnen etwa dieselbe Publizität gegeben, wie wenn ihre Lieblingstochter ein Buschi von einem Marronimann erwartet hätte. Jedenfalls: heute ist Böcklin wieder jemand. Und so wird es nun auch bleiben.

*

Mit Wonne pflegt man sich auf die Frauen zu stürzen, die im Leben eines Künstlers eine Rolle spielten. Schon gar, wenn er ein Maler war – Maler, huch wie spannend, malen ja vielfach solche Frauen unbekleidet, wofür man den beschönigenden Begriff «Akt» geschaffen hat. Und was da so an Sündhaftem und Erregendem in einem Maleratelier vorgeht, das weiss man ja, nicht wahr? Schliesslich hat man ja die eigene Phantasie als Hilfsmittel.
Es wäre gewiss der Wahrheit nicht gemäss, wenn man sagen wollte, Arnold Böcklin habe keine nackten Mädchen gemalt. Von ihnen wimmelt es sogar auf seinen Bil-

dern, und sie sind fast ausnahmslos das, was Böcklin samt Familie während langen Jahren selber nicht war: nämlich gut genährt. Und doch sind's nicht diese Mädchen, die in seinem Leben eine grosse Rolle spielten. Das taten vielmehr ganz andere Frauen.
Vorab steht da Ursula Böcklin-Lippe, seine Mutter. Ohne ihre Vernunft, ihren Weitblick und ihre Opferbereitschaft hätten wir keinen Arnold Böcklin. Als Böcklin 18jährig erklärte, Maler werden zu wollen, sagte sein Vater das, was alle ihrer Pflichten bewussten Väter zu sagen pflegen: «Nein!» Wenn Mutter Ursula nicht in langen Gesprächen den Vater umgestimmt hätte, wäre Sohn Arnold in einem bürgerlichen Berufe gelandet. Wobei Arnolds Lehrer Wilhelm Wackernagel, dem Böcklin sein gutes Deutsch in Wort und Schrift verdankte, sich ebenfalls für Arnolds Berufswahl einsetzte, und die Stimme des Herrn Professor warf gewiss noch einiges Gewicht in die Waagschale.
Arnold durfte also auf eine Kunstakademie gehen. Damit er etwas weniger am Hungertuch nagen musste, vermietete Mutter Ursula Zimmer. Aber auch so reichte es fast für nichts. Weshalb Böcklin nicht nach München ging, das eine recht lockere Stadt war, sondern nach Düsseldorf. Ein Biograph Böcklins behauptet: das Gebräu, das es dort zu trinken gab, war Böcklin zu schlecht, so dass er nicht einmal in Versuchung kam, dafür Geld auszugeben. Von den Düsseldorfer Mädchen, die notorisch reizvoll sind, sagt der Biograph nichts.
Das erste Mädchen, das in Arnolds Leben trat, war eine Baslerin: Die Tochter eines Küfermeisters. Man kann sie auf der Zeichnung «Liebespaar im Wald» bewundern. Arnold durfte sich sogar mit ihr verloben, aber erst unmittelbar vor seiner Abreise nach Rom im Herbst 1849. Besser war besser. Kaum war er in Rom angekommen, als ihm seine Wirtin einen Brief aus Basel brachte. Drin stand die Nachricht: die Verlobte war an einer Hirnhautentzündung gestorben. Arnold wurde bewusstlos vor Schmerz.
Zwei Jahre später reiste Arnold wieder nach Basel und

hielt um die Hand einer Jugendliebe an. Der Korb, den er bekam, war gross. Was glaubte dieser mittellose Pinsler überhaupt? Nicht einmal zeichnen durfte er sie. Die Nachfahren dieser Schönen werden sich vermutlich heute in den Hintern beissen beim Gedanken, was ihnen da entgangen ist... In seiner Enttäuschung sprach Arnold auf der Strasse die erste einigermassen hübsche Magd an, die zu Markte ging, und verlobte sich mit ihr. Fast ein Jahr verfloss, bevor seine Freunde ihn dazu bringen konnten, die Verlobung aufzulösen. Wieder reiste Arnold, nun schon fast 26 Jahre alt, nach Rom.
Zu seinen Freuden gehörte es, am Fenster zu stehen und auf der Flöte gar liebliche Weise zu blasen. Das tat Arnold auch in Rom, und die Weisen drangen an die Ohren einer siebzehnjährigen Waise, die bei zwei Tanten in strenger Obhut aufwuchs. Wann immer sie auf dem Weg zur oder von der Kirche bei Arnolds Fenster vorbeikam, sandte sie ihm begeisterte Blicke zu. Schön war Arnold nämlich auch und imponierend. Nur bettelarm. Trotzdem waren die Tanten einverstanden, ihm das Mädchen, Angela Pascucci hiess es, zur Frau zu geben. Die Entscheidung war nicht ganz selbstlos. Erstens hatten sie damit das Kind vom Hals. Zweitens hätte Angela eine Mitgift von einigen zehntausend Scudi bekommen sollen, und weil Arnold nicht nur ein Ausländer war, sondern auch noch Protestant, gelang es unschwer, mit Hilfe des kanonischen Rechtes die Auszahlung zu verhindern. Statt etwas Geld mitzubringen, brachte Angela nur ihren hungrigen Mund mit, der dadurch gestopft wurde, dass sie täglich zweimal siebenmal pro Woche Bohnen kochte. Weisse Bohnen. Die waren am billigsten und hielten lange nach. Was Angela aber noch mitbrachte, und das war für Arnold sein Leben lang von höchster Bedeutung: ihre Liebe, ihre Tatkraft und ihren Fleiss. Schon in Rom begann sie Deutsch zu lernen. Eines der Mittel dazu: sie schrieb den ganzen «Faust» ab. Als Arnold mit Angela nach Basel kam, nach knapp fünf Jahren Ehe, war der Empfang so, wie Basel seit jeher mittellose Frauen von hungerleidenden Männern empfangen hat: frostig. Wie-

der war es Mutter Ursula, die ihre Liebe und Tatkraft dem jungen Paar samt den Kindern schenkte und Basels Frostigkeit damit etwas wettmachte. Als Arnold dann sein erstes Bild in Basel ausstellte, zwei durchaus ehrenhafte Mädchen an einem Brunnen darstellend, empörte sich die Bürgerschaft, und Vater Böcklins Freunde rieten ihm, den Sohn aus dem Haus zu schicken. Was er auch tat. Arnold und Familie assen weiterhin Bohnen, und als sie einige Zeit später, nach weiteren Enttäuschungen, in München ankamen, hatten sie vor allem Hunger. Wieder half ihnen eine Frau: die in München keusch und fleissig dem Kunststudium obliegende Emilie Linder aus Basel.
Für ihre aufopfernde und entsagungsvolle Liebe verlangte Angela Böcklin von ihrem Mann freilich eine Gegenleistung: sie verbot ihm, seine Bilder nach nackten weiblichen Modellen zu malen. «Entweder die – oder ich», sagte sie. Anfänglich mag Arnold mit Angela als Modell ausgekommen sein, aber so etwa vom zehnten Kind an – 14 wurden es insgesamt – war der erste Schmelz von Angelas Jugend etwas dahin. Wer das weiss, wird sich nicht mehr darüber wundern, dass Böcklins Frauengestalten fast ausnahmslos vom selben Typ sind, und dass man manchen ansieht, dass sie aus dem Gedächtnis gemalt wurden und nicht nach der blutten Natur.
Mutter Ursula Böcklin, der man so viel verdankt, liegt in Basel begraben. Der stark verwitterte Grabstein befindet sich im Kirchhöflein bei der kleinen Kirche von St. Jakob. Ob jemand jemals auf den Gedanken kommt, der Frau Ursula ein paar Blumen zu bringen?

Familienstolz

Freuen Sie sich darüber, wenn Sie einen haben. So ein richtiges Monstrum, wie von ihm in alten Mären wunders viel gesait worden ist, mit zahlreichen Verwendungsmöglichkeiten und eingebauten Spezialitäten und sonst so raffinierten Trickdingern, mit denen die wackere Hausfrau, die Mutter der Kinder, alles das tun kann, was sie gelernt hat, und noch viel mehr, das ihr von Fall zu Fall einfällt. Die meisten haben nämlich keinen mehr. Wo noch einer stand, hat man ihn herausgerissen, weil es nicht mehr zeitgemäss war, einen zu haben. Wer wollte sich noch die Mühen machen, die mit ihm naturgemäss verbunden sind? Man konnte den selben Endeffekt elektrisch erzielen, meinte man. Oder mit Gas, meinte man. Denn Kalorien sind doch Kalorien, und da gibt es physikalisch keinen Unterschied, auch wenn die Kalorien heute vornehm Joule genannt werden, damit Leute nicht wissen, wie man's ausspricht. Die Wissenschaft macht eben unentwegt einen Fortschritt nach dem anderen. Vor allem in der Benennung. In anderen Belangen weniger. Zumal in wichtigen.
Also freuen Sie sich bitte masslos, wenn Sie noch einen ganz altmodischen Kochherd Ihr eigen nennen dürfen, den man mit Holz, Briketts, Torf, Kohlen, zusammengerumpfelten Zeitungen, Hobelspänen, Leseholz, zertrümmerten Wohnwänden oder was-weiss-ich-sonst-noch-alles heizen kann. Der ganz altmodische Kochherd ist nämlich der allerletzte Schrei der Menschheit. Wenn wir nicht irren, tut sich sogar der Wolfram Siebeck, der grösste Feinschmecker und der kulinarische Präceptor Germaniae, strebend bemühen, einen zu bekommen. Vielleicht hat er ihn schon, der Wolfram, und sein nächstes Kochbuch enthält die sekundengenauen Hinweise, auf welche Stelle der Herdplatte die Entenbrüstlein und die Tauben und die Schokolademaus (franz.: mousse au chocolat) gestellt werden müssen, damit sie aufs Grad genau die richtige Temperatur haben. O Pardon: man

sagt ja nicht mehr Grad, sondern Kelvin. Die Wissenschaft macht – doch das haben wir ja schon geschrieben. Vermutlich können Sie sich nicht freuen, indem sie leider keinen solchen altmodischen Kochherd besitzen. Nach Ende des letzten Krieges, der keineswegs der letzte war, sondern inzwischen schon zu vielen weiteren geführt hat, wurden nämlich alle solche Herde schonungslos entfernt und zum Schrottwert verkauft. Man war ja damals der seltsamen Meinung, dass nunmehr über die Menschheit das längst ersehnte Goldene Zeitalter hereinbrechen würde, und in einem Goldenen Zeitalter wird ja nur noch arbeitssparend auf Gas oder Elektrizität gekocht und gebacken. Die Menschen sind der Auffassung, dass sich ein Goldenes Zeitalter vor allem dadurch kundtut, dass man nicht mehr arbeiten muss, sondern nur noch Knöpflein drückt und Schälterlein dreht, und solches wenn möglich mit Fernsteuerung durch Sensoren, damit man sich die enormen Anstrengungen des Drückens und Drehens auch noch erspart. Das einzig Goldene an einer solchen Lebensweise ist jedoch das Geld, das man für Psychiater, Spezialärzte für Psychosomatik, für Kuraufenthalte und Abmagerungskuren bezahlen muss, die recht lohnintensiv die Schäden beheben, die eine solche arbeitssparende Lebensweise im Menschen anrichtet.

Man hat also damals alle noch existierenden Kochherde altmodischer Art herausgerissen und durch das Modernste ersetzt, was die zuständige Industrie anzubieten wusste. Und sie wusste viel anzubieten. Jährlich gab es Neues, was unerhört wichtig war, denn alles Neue hat ja die bemerkenswerte Eigenschaft, dass es nach einem Jahr bereits Altes ist und als überholt gilt, und dass es deshalb nach einem Jahr durch etwas nochmals Neueres und Besseres ersetzt werden muss. Das ist dann seinerseits nach einem Jahr alt und überholt, und so bleibt die Wirtschaft im Schwung, und so wird der Mensch gezwungen, immer mehr Geld zu verdienen, weil er immer mehr ausgeben muss, um nicht auf Altem und Überholtem sitzenzubleiben. Und dann machen sich die Geister

des Landes, ja selbst Bundesräte, Gedanken darüber, wie man die Inflation bekämpfen könnte. Im Hause muss beginnen, was dämpfen soll im Vaterland; aber wer möchte schon in seinem Hause anfangen? Eben.
Zum Glück gibt es im Menschen, ausser der steten Sucht nach Neuem und angeblich Besserem, auch eine andere Sucht: die Sehnsucht nach dem Früheren. Weil die Leute etwas nur dann für gut halten, wenn es einen griechischen oder lateinischen Namen hat, nennt man das: Nostalgie. Die neuste Erscheinungsform der Nostalgie ist die Sehnsucht nach dem altmodischen Kochherd. Aus Gusseisen zusammengeschraubt, mit ein paar Feuerstellen, mit einem Wasserschiff aus Kupfer samt angebautem Messinghahn, mit einem Messingrohr ringsherum, das vom warmen Wasser durchflossen wird, so dass man die nassen Handtücher daran aufhängen und trocknen kann, und einem regulierbaren Ofenrohr und mit eingebautem Backofen und Warmhaltefach und mit Herdringen, die man einzeln wegnehmen kann, so dass es möglich ist, die Pfannen und Töpfe näher ans Feuer zu bringen, so dass ihr Inhalt im Nu siedend heiss wird. Und so.
Und was man noch kann: wenn die Herdringe entfernt sind, kann man eine eiserne Bratschaufel ins Feuer halten, bis sie glüht, und mit ihr kann man auf einfachste Art all die Tricks der guten Küche ausführen: Omelettes und Pfannkuchen anbräunen, Zucker auf dem Pudding karamelisieren, eine Sauce goldbraun überkrusten, den Käse auf einer Zwiebelsuppe gratinieren, und was sonst noch alles erfunden wurde, um Gerichte schöner und besser zu machen. Für das braucht man heute einen Salamander, der Strom frisst und scheusslich teuer ist. Mit der glühenden Bratschaufel geht's billig und einfacher, und Energie spart man auch in Mengen.
Eiserne Kochherde sind wieder gefragt, und was gefragt ist, wird auch fabriziert. Normalerweise ist's ja so, dass man zuerst etwas fabriziert, und dann schafft man für das Fabrizierte künstlich eine Nachfrage und verkauft es möglichst teuer. Diesmal ist, möchte man fast glauben, die Nachfrage zuerst gekommen, und die Fabrikation

kam hinterher. Wieso, denken immer mehr Leute, soll man brennbare Abfälle abholen lassen, damit sie zentral verbrannt werden können und man dann, falls man an die Fernheizung angeschlossen ist, für die dergestalt erzeugte Wärme bezahlen muss? Man kann ja schliesslich auch selber diese Abfälle verbrennen, und dann spart man Umwege, Energie, Verluste und Geld! Nur braucht man dazu einen Herd. Im Winter auch einen Ofen. Herde und Öfen sind seit Anbruch des Goldenen Zeitalters (Haha! Der Lichtsatzlehrling) so gebaut, dass man in ihnen nichts mehr verbrennen kann, ausser Erdgas und Epilepzitrikität. Also muss man neue Herde und Öfen anschaffen, die man selber feuern kann mit den Tonnen von Abfällen, die es in jedem Haushalt gibt. Die Herde und Öfen bekommt man bereits wieder, aber man muss sie vorderhand noch fast mit Gold aufwiegen, so teuer sind sie (Kunststück: die Nachfrage ist grösser als das Angebot...).

Inzwischen behilft man sich mit etwas anderem: mit dem Cheminée. Letzteres ist eines der unbrauchbarsten Dinge der Welt, und sein Nutzeffekt ist in der Grössenordnung der Zinsen, die man heutzutage auf ein Sparheft bekommt. Mikroskopisch. Aber schön aussehen tut natürlich so eine lodernde Flamme. Musikalisch Gebildete singen am Cheminéegeflacker das schöne Lied «Di quella pira l'orrendo foco» aus dem dritten Akt des «Trovatore», historisch Gebildete denken an die Jeanne d'Orléans, die am 30. Mai 1431 in Rouen verbrannt wurde, und Verfressene denken daran, dass man im Cheminée immerhin Schweinskoteletts einigermassen essbar rösten kann. Wenn man jedoch bedenkt, dass der grosse Kulinariker Anthelme Brillat-Savarin in seiner Wohnung kaum etwas Besseres hatte als ein Cheminée zum Kochen, so muss man staunen darüber, was damals eine Küchenfee und ein Koch alles mit primitivsten Mitteln zustande brachten.

Also wenn Sie zu den Glücklichen gehören, die noch so einen Kochherd besitzen, so ehren Sie ihn als Familienstolz und freuen Sie sich.

Huret in München

Man hat uns diskret wissen lassen, dass manche Leute nach München reisen, und das trotz der miserablen Zugsverbindung nach Bayerns Hauptstadt. Das nenn' ich Forscherfreude! Wenn das der erste Besuch in München ist, kann es gewisslich nicht schaden, wenn wir einige ebenso wohlgemeinte wie nützliche Ratschläge mit auf den Weg geben. Merket also das Folgende:
Für den Münchner bedeutet Münchner Bier den Gipfel irdischer Glückseligkeit. Das Bier hat seinen Geschmack, seine Gewohnheiten, seine Vergnügungen, sogar seine Bedürfnisse gemodelt. Um ein Bier in seiner ganzen Schmackhaftigkeit zu geniessen, muss man in das Bierlokal gehen, vor das frisch angestochene Fass. Zu verschiedenen Zeiten des Jahres, etwa zum Oktoberfest, tut man sich bis zur Besinnungslosigkeit an Bier, an gebratenem Fleisch, Schinken, Wurst und dergleichen gütlich. Man lässt den entfesselten Begierden freien Lauf. Allgemeine Unmässigkeit ist an der Tagesordnung. Jede grosse Brauerei hat ihren Keller, wo nur ihr eigenes Bier ausgeschenkt wird und beileibe kein anderes. Er besteht aus einem riesigen gotischen Saal mit Galerie und Nebengelassen und einem schattigen Garten für den Sommer. In den Bierlokalen wird nur auf deutsche Art gekocht, und die Inhaber der grossen Bierrestaurants besitzen keinerlei kulinarische Kenntnisse. Sie lernen vor allem mit Bier umgehen, und ihr bürgerlicher Beruf ist das Metzgerhandwerk. Meist schlachten sie selbst. Daraus erklären sich die grossen Portionen, die man bei ihnen erhält.
München ist die Metropole der Würste. Es gibt deren verschiedene Sorten. Die beliebtesten sind die Weisswürste, die man vor dem Mittagessen verzehrt, um den Appetit anzuregen. Man würzt sie mit einem leicht gezuckerten Senf. Von elf Uhr an findet man keine Weisswürste mehr in den Bierlokalen, denn sie halten sich nur kurze Zeit. Doch bleibt dem Wurstfreund als Beilage zu sei-

nem Bier noch genug: die Bockwurst, die Leberwurst, die Blutwurst, die Rohwurst, der Presssack und die Knackwurst, ganz abgesehen von den Wiener Würstchen, die man mit Erbsbrei und Meerrettich verspeist, und den Frankfurter Würstchen, zu denen meist Sauerkraut gegeben wird. Um ihre Mägen zu beruhigen, vertilgen die Münchner mit Leichtigkeit auch noch riesige Klösse, die das bayerische Nationalgericht bilden. Die beliebtesten sind die Leber- und Speckknödel.

Wer mit den richtigen Biertrinkern in Berührung kommen will, muss einen jener Keller aufsuchen, die sich die ganze Eigenart der Bierlokale bewahrt haben. Sie sehen mit ihren starken Pfeilern, ihren Schwibbogen und den bemalten Mauern wie Klöster aus. Dralle Mägde, die lederne Geldtasche um die unförmige Taille, die ihre zwei Arme kaum zu umspannen vermögen, drücken etwa ein Dutzend Masskrüge an die mächtige Brust und schwanken auf kurzen Beinen vom Fass zu den Tischen und von den Tischen zum Fass. Schlurfend ziehen sie ihre Füsse auf dem mit Abfällen, Papieren, Obstschalen bestreuten Boden nach. Lachend traben sie an den Gästen vorbei, die mit ihnen schäkern, sie ins pralle Fleisch kneifen, und ihr Mund mit dem dreifachen Kinn verzieht sich zu einem breiten Grinsen. Ein entsetzlicher Bier- und Tabakdunst füllt die Säle. Der Ton ist durchweg äusserst frei. Von Steifheit oder Zwang keine Spur. Offene Knöpfe, nach hinten geschobene Hüte, struppige Bärte jeden Schnitts. In endlosen Reihen stehen die Masskrüge da; die meisten haben ein Stück Papier durch den Henkel gezogen, das den Gästen, die sich einen Augenblick hinaus begeben haben, als Erkennungszeichen dient. Ein solcher Gast erzählte, dass sein Vater, wenn er wissen wollte, ob das Bier gut war, eine halbe Mass auf die Bank schüttete und sich draufsetzte. Blieb er mit der Hose kleben, so war es von der richtigen Stärke und trinkbar.

Wenn man zur Essenszeit hinkommt, sind die Tische fast immer voller Brosamen, Wursthäute, fettigen Papieren und Bierpfützen. Von den Speisen aber bleibt nie etwas übrig. Die Kellnerinnen pflegen die Gäste zu fragen, ob

sie ein Papier möchten, um Reste darin einzuwickeln und mitzunehmen. Wenn irgendwo, so ist es hier, wo man keine Ansprüche auf einen gut gedeckten Tisch und nette Bedienung machen darf. Nur auf ausdrücklichen Wunsch wird einem ein Teller aus dickem Steingut, eine winzige Gabel mit schwarzem Holzgriff, das passende Messer und eine Papierserviette hinterlegt. Die meisten essen direkt aus der Platte, deren Inhalt stets restlos aufgezehrt wird, bis auf die Knochen. Brot wird als Luxus angesehen; man muss es erst verlangen. Die Kellnerin verwahrt es in einem unsauberen Tuch, das wie ein Sack um ihre Taille geknüpft ist. Wünschen Sie etwas Senf? Auf einem flachen Teller tischt man Ihnen eine gelbliche Flüssigkeit auf. Ein Münchner, der mit gesalzenen Rettichen, sauren Gurken und Salzbrezeln seinen Durst reizt, trinkt dazu seine acht bis neun Liter Bier im Tag.
Wenn man zu verschiedenen Stunden des Tages in die Bierlokale kommt, sind sie immer angefüllt mit Gästen. Man frägt sich unwillkürlich: wann arbeiten diese Leute eigentlich? Sie arbeiten zwischendurch. Aber ihre Hauptbeschäftigung besteht darin, Bier zu trinken, Würste zu essen und zu rauchen. Auch wenn der Münchner plump und schlapp ist, steht er doch im Rufe grosser Redlichkeit und Offenheit. Auch sehr sinnlich soll er sein, und die Sitten Münchens tun das Ihre, um diese Neigung noch zu begünstigen.
Das bringt uns zu dem Satz «Huret in München», dem Titel unseres Berichtes. «Ha, endlich!» werdet Ihr ausrufen, liebe Freunde. Es ist verständlich, dass Ihr mit Spannung wartet. Denn es wird doch gewiss jeden Leser wundernehmen, woher wir unsere intimen Kenntnisse vom Essen und Trinken in München nehmen. Also da können wir uns auf einen ausgezeichneten Gewährsmann stützen, der München ausgiebig und intensiv studierte. Auf einen französischen Kollegen. Auf Monsieur Jules Huret. Er weilte vor fast 80 Jahren in Deutschland und schrieb über das, was er sah und erfuhr, eine Reihe von Büchern. Sie erschienen 1909 im Verlag Eugène Fasquelle, 11 rue de Grenelle, Paris, unter dem Sammeltitel

«Jules Huret en Allemagne». Zwei Bände kamen auch in Deutschland heraus, von Nina Knoblich übersetzt, bei Albert Langen in München. Sie trugen jedoch sonderbarerweise nicht die Titel «Huret in Berlin» und «Huret in Bayern und Sachsen» – irgendwie musste man damals doch die Befürchtung gehegt haben, die Titel könnten missverstanden werden. Euch, liebe Freunde, kann so etwas natürlich keineswegs passieren. Weshalb gewiss niemand von Euch auf den Gedanken kam, «Huret in München» sei ein katerotischer Imperativ…

Neue Kunst aus Avignon

Eine neue Kunstrichtung steht vor der Tür, und wir können in aller Bescheidenheit sagen, dass wir ihr nicht nur den Namen gegeben, sondern sie auch durch ein Beispiel praktisch begründet haben.
Dieser historische Moment erleuchtete die kunstsinnige Menschheit an einem Sommerabend des Jahres 1959, als wir nach einem Besuche des Musée Calvet zu Avignon (65, rue Joseph-Vernet; ouvert tous les jours) bei einem Pastis vor der höchst baufälligen Bar Carnot sassen und uns überlegten, was wir wohl am besten tun sollten, wenn die zweite und letzte Etage des Hauses auf den Gedanken käme, auf unseren Blechtisch herabzudonnern. Das Wort donnern gab den Denkanstoss. Wir sahen plötzlich wieder vor unserem inneren Auge das ergreifende Ölgemälde von Horace Vernet, darstellend den Marinemaler Joseph Vernet (1714 bis 89), wie er, an den Mast eines Segelschiffes gebunden, die grausigen Blitzschläge eines Gewitters auf See studiert, und wir überlegten uns: welcher Kunstmaler von heute wäre imstande oder auch nur willens, seinen Grossvater in einer solchen Situation auf die Leinwand zu pinseln? Und welcher Grossvater würde sich an einen Mast binden lassen, damit er ein Gewitter malen kann?
Keiner, dachten wir. Jedenfalls konnten wir uns keinen Maler aus unserem Bekanntenkreis in dieser Situation vorstellen. Und da wir wussten, dass die Kunst sich in Extremen bewegt, sagten wir voraus: bald wird es Maler geben, die wogende Meereswellen malen, welche an Felsenküsten branden, auf denen von Eulen bewohnte Ruinen mit Efeuranken im bleichen Schein des Mondes langsam vor sich hin zerbröckeln, und die es verstehen, neben den bleichen Mond eine dunkle Gewitterwolke hinzukomponieren, aus der ein furchterregender Blitz auf ein halbwegs von den Wellen überspültes Schiff in Seenot niederzuckt, das bereits vom Klabautermann sowie allen besseren Ratten verlassen ist. Solches dachten

wir, an Joseph Vernet denkend. Und wir gaben dieser Kunstrichtung der nahen Zukunft den Namen Neoromantizismus, damals im Sommer 1959 zu Avignon (Dept. Vaucluse).
Mit einem Namen ist's natürlich nicht getan. Es brauchte ein Beispiel. Es brauchte einen mutigen Pionier. Es brauchte uns. Wir griffen zu Papier und Bleistift Nr. 2 und entwarfen ein ebenso erschütterndes wie gewittergeladenes Seestück. Wir griffen zum Aquarellkasten der Firma Schmincke und kolorierten unser Werk freigiebig mit Farben wie Chromoxyd feurig, Preussischblau, Terra di Siena gebrannt, Cadmiumorange, Chromgelb (für die Blitze) und Elfenbeinschwarz. Bald sah das Wasser, mit dem wir den Pastis hätten verdünnen sollen, so düster aus wie die Wellen auf dem Bild, weil wir den tief in die Farbschalen getauchten Pinsel darin jeweils auswuschen. Das Bild war ein erschütterndes Dokument einer nautischen Katastrophe, und auf ihm war stürmisch das Meer, und die See ging hoch. Leider machten wir dann eine ungeschickte Bewegung, das Pastisglas fiel um, sein Inhalt ergoss sich auf das erste Meisterwerk des kommenden Neoromantizismus, und als wir's dann abgewischt und getrocknet hatten, sah das vordem so aufwühlende Bild aus wie ein zartes Blumenstillleben von Raoul Dufy.
Die neue Kunstrichtung also gibt es wohl, allein es fehlen noch die Werke, und das vor allem an der ART. So sehr wir auch suchten – wir fanden kein einziges Seestück von der Art, wie Joseph Vernet sie malte. Keine Blitze zerschmetterten Mastbäume, keine Wogen warfen Schiffbrüchige an wildaufgewühlte Strände, keine Segel flogen zerfetzt im Orkan davon, keine Ruinen witterten in der salzigen Gischt ihrem Ende entgegen. Nur Eulen sahen wir einige; aber das waren Besucherinnen.
Es besteht also noch immer eine Lücke in der Kunst, die bebend darauf wartet, ausgefüllt zu werden. Wir sind aber dessen gewiss, dass es nicht mehr lange dauern wird, bis bei den allerprogressivsten Galerien einer kommenden ART die ersten solchen Bilder auftauchen wer-

den. Besser gesagt: Die ersten Bilder von Epigonen. Denn das allererste Bild des Neoromantizismus – das haben wir gemalt. Schade, dass es nicht mehr vorhanden ist. Es landete im Abfalleimer der Bar Carnot, und die Bar Carnot selbst ist längst abgerissen und durch etwas köstlich Rentierendes ersetzt, an dessen nackter Betonfassade die Bronzetafel fehlt mit der Schrift «Ici a été créé le premier chef-d'œuvre du Néoromaticisme».

Flugpioniere

Es ist wieder einmal gelungen. Man hat den Ärmelkanal bezwungen. Einem Jüngling namens Bryan Allen waren die Umstände gewogen, und er ist mit Muskelkraft von Folkestone (GB) nach Cap Gris-Nez (F) geflogen. Das Ding, womit er flog, hiess «Gossamer Albatross», und wenn Sie noch ein bisschen warten, können Sie eine Bastelkiste kaufen, in der alle Bestandteile enthalten sind, und sich selber so ein Veloflugzeug bauen. Nur ist kaum zu erwarten, dass das Eidgenössische Luftamt Ihnen seinen Segen dazu gibt. Was Sie auch noch bräuchten, wären Beine, die eine Zeitlang 0,25 PS entwickeln. Gross sind sie nicht, Ihre Chancen.

Nicht einmal ganz 80 Jahre sind vergangen, seit überhaupt zum allerersten Male ein Flugzeug über den Ärmelkanal flog. Falls Sie gelegentlich auf der schönen Küstenstrasse von Calais nach Boulogne fahren, vielleicht um die Bunker des Atlantikwalls zu besichtigen, die dort als Attraktion erhalten sind, finden Sie gleich zwei Denkmäler, die an den ersten Kanalflug erinnern. Das eine steht beim Westausgang von Calais, bei Blériot-Plage. Dass Louis Blériot als erster den Kanal überflog, weiss mancher. Wozu aber das zweite Denkmal, das bei Cap Blanc-Nez, 13 Kilometer entfernt, am Strassenrand steht? Es erinnert an einen doppelten Reinfall. Lasset uns erzählen, oh Leser.

Im Herbst 1908, fünf Jahre nach dem allerersten Menschenflug mit einem motorgetriebenen Flugzeug schwerer als Luft, setzte der Besitzer der Londoner Zeitung «Daily Mail» und bald auch der «Times» einen Preis von tausend Pfund aus. Wer als erster von England nach Frankreich fliegt, oder umgekehrt, ohne Wasser zu berühren, ohne tragendes Gas und am hellichten Tag, bekommt ihn. Der Preis war nicht nur eine Menge Geld. Der Ruhm, Erster gewesen zu sein, würde auch für den Flugzeugbauer ein immenses Geschäft bedeuten. Mit Geld fängt man Pioniere.

Im Juli 1909 standen drei Kandidaten bereit. Bei Calais Louis Blériot, bei Wissant der Graf de Lambert, zwischen ihnen am Cap Blanc-Nez ein gewisser Hubert Latham. Die Gegend war unheilschwanger: einige Kilometer weiter südlich, bei Wimereux, hatte schon einmal der Versuch stattgefunden, den Kanal zu überfliegen, aber mit einem Ballon. Das war am 15. Juni 1785 gewesen, als der erste erfahrene Ballonpilot Jean-François Pilâtre de Roziers mit einem Ballon aufstieg, der eine richtige Knallgasbombe war, indem er aus einer Kombination von Wasserstoffüllung und Heissluftballon bestand. Es geschah, was geschehen musste. Der Ballon explodierte in der Luft, und Pilâtre samt seinem Co-Piloten kam ums Leben.

Als erster versuchte Hubert Latham den Kanalflug in diesem Sommer 1909. Am 19. Juli, bei bestem Wetter und ruhiger See, morgens um 6.45 Uhr, warfen seine Helfer den 50-PS-Motor des Flugzeuges an, das auf den poetischen Namen «Antoinette IV» vielleicht nicht hörte, jedoch getauft war. Die Antoinette hatte einen langen Schwanz mit malerischen Dreieckrudern, zwei leicht pfeilförmige Tragflächen aus bespannten Holzstäben von 12,80 Metern Spannweite und wog samt Passagier 500 Kilo. Hubert Latham gab Gas, die Antoinette rollte auf ihren kleinen Drahtspeichenrädern übers Feld und erhob sich langsam bis zu 300 Metern. Auf dem Meer schwamm das Torpedoboot «Harpon», das Befehl hatte, Latham zu begleiten. Der wagemutige Pilot nahm Kurs auf die englische Küste, von der man im Morgendunst noch nichts sah, die aber nicht schwer zu finden war, wenn man so flog, dass die Sonne achtern an Steuerbord blieb. Alles verlief trefflich. Aber dann begann aufs Mal der Motor zu stottern. Latham ging in einen steilen Sturzflug über, um die Geschwindigkeit zu vergrössern, was der Motor aber übelnahm, indem er vollends stehenblieb. Die Antoinette glitt aufs Wasser, sank mit dem Motor leicht ein, stellte den Schwanz schräg in die Luft, Latham kletterte aus dem Cockpit, zündete eine Zigarette an und wartete auf das Torpedoboot, das ihn dann samt Antoinette aus dem Wasser zog. Der erste Versuch war misslungen.

Nur sechs Tage später kam Louis Blériot an die Reihe. Er war der einzige Konkurrent geblieben, da der Comte de Lambert bereits aufgegeben hatte, ohne überhaupt gestartet zu sein. Dass Blériot sechs Tage wartete, war die Folge des schlechten Wetters, das nach Lathams Reinfall ausbrach: Gewitter, Sturm und bewegte See. Blériot war bereits berühmt geworden, als es ihm im Oktober 1908 gelang, als erster Mensch mit einem Flugzeug einen geschlossenen Rundflug zu machen. Am 25. Juli 1909 startete er nun an der Stelle, die seither Blériot Plage heisst, und machte zuerst einen Probeflug zum Cap Blanc-Nez, womit er auch seinen Mitbewerber Latham davon unterrichten wollte, dass er nun unterwegs war. Latham sah ihn und brach in Tränen aus. Auch Blériot hatte ein Begleitschiff der Kriegsmarine, den Zerstörer «Escopette», das er zunächst überflug – und dann raste er mit der Geschwindigkeit von etwa 75 km/h davon. Nach 37 Minuten, und nachdem er sich mangels Kompass zuerst einmal verflogen hatte, landete Blériot auf einer Wiese unterhalb des Schlosses von Dover, wo bereits der Journalist Charles Fontaine vom «Matin» mit einer grossen Tricolore stand – als einziger, denn man hatte Blériot auf einem anderen Feld erwartet. Im «Observer» stand anderntags: «Von nun an ist England keine Insel mehr.»

Hubert Latham hätte nun enttäuscht nach Hause reisen können. Aber als Sportsmann, was er war, wollte er zeigen, dass er's nicht aufgab. Mit einer neuen Antoinette, die ein bisschen anders aussah, startete er am 29. Juli zu einem zweiten Versuch, den Kanal zu überfliegen. Und diesmal ging's gut. Der Start über die Felsen von Cap Blanc-Nez verlief normal, der Motor drehte wie ein Ührlein, und Latham flog in 150 Metern Höhe gen England davon. Bei Dover, seinem Ziel, hatte sich eine grosse Menschenmenge versammelt, um ihn willkommen zu heissen. Man hatte sich dort bereits daran gewöhnt, dass Englands insulare Jungfräulichkeit fortwährend bedroht wurde, und winkte begeistert, als sich die neue Antoi-

nette von Norden her aus dem Dunst schälte. Leider ging jetzt aber etwas schief. Nur wenige Dutzend Meter vom Ufer entfernt, hatte der Motor der Antoinette genug, und gab den Geist auf. Antoinette samt Hubert Latham stürzten ins Meer und mussten herausgezogen werden. Auch der zweite Versuch wurde zum Reinfall.
Dass Hubert Latham so sportlich gehandelt hatte, brachte ihm in England viel Freundschaft ein. Man anerkannte, dass er den zweiten Versuch unternahm, obschon damit kein Geld mehr zu verdienen, sondern nur noch Geld auszugeben war. Vermutlich hätte Latham fünf Jahre später, als in Europa der Krieg ausbrach und Flugzeuge eine grosse Rolle zu spielen begannen, noch von sich reden gemacht. Es kam nicht dazu. Im Jahre 1912 reiste er nach Afrika ins Tschadgebiet auf die Jagd, und nahe Fort-Lamy wurde er von einem angeschossenen Büffel aufgespiesst und zertrampelt. Zehn Jahre nach seinem Tode errichtete man ihm das Denkmal bei Cap Blanc-Nez, das Sie heute bewundern können, wenn Sie in die Gegend kommen. Es ist leicht daran zu erkennen, dass sich kein Mensch darum kümmert.

*

Technik ist etwas Schönes, und das Schönste an ihr ist, dass sie stets auf dem höchsten Stand steht und kaum noch verbessert werden kann. Man muss das jedenfalls annehmen, wenn man technische Literatur liest. Wir haben das dieser Tage wieder einmal getan, indem wir zu einem Buch über Flugzeugbau griffen. Nicht dass wir uns ein Flugzeug bauen wollen. Bewahre. Es gibt sowieso schon zu viele davon. Aber es hat uns halt gewunderfitzt, wie das so zugeht, wenn man eines baut.
Das Buch vereinigt, wie sein Vorwort betont, «die als unumstösslich richtig erkannten Theorien und Berechnungsmethoden» des Flugzeugbaus und hebt zugleich hervor, dass «die Zeit des Erfindens und des wahllosen Probierens von utopistischen Ideen vorbei sei». Denn, wie gesagt, die Technik ist stets auf dem höchsten Stand und kaum noch zu verbessern. Auch die Technik des

Flugzeugbaus nicht in jenem Jahr 1912, als das erwähnte Buch erschien.

Flugzeuge baute man damals aus Lärchen- und Tannenholz, und Propeller schnitzte man aus Nussbaum. Die Tragflächen wurden mit Stoff überzogen (wobei Baumwolle und Seide besonders gut waren), den man mit Tapezierernägeln befestigte; damit die Tragflächen nicht abbrachen, wurden sie mit dünnem Stahldraht verspannt. Was man nicht nageln oder schrauben konnte, wurde geleimt: mit einer Mischung von Quark und gebranntem Kalk.

«Nicht den geringsten Anteil am Gelingen hat die Einrichtung des Schuppens», betont der Verfasser, und damit meint er die Ausstattung der Werkstatt, in der das Flugzeug gebaut wird. «Eine alte Leiter, einige Hämmer mit defekten Stielen, eine stumpfe Säge, schartige Hobel und die unvermeidliche Kiste mit verbogenen Schrauben und Nägeln sind wohl eine allzu spartanische Einrichtung», schreibt er. «Gewiss will ich nicht übersehen, dass auch mit mangelhaftem Material mechanische Meisterwerke erzeugt wurden – aber was hätte ein hervorragend begabter Mann hervorbringen können, wenn seine Hilfsmittel besser gewesen wären?»

Auch mit den Handwerkern war's so eine Sache. Die Flugtechnik zog allerlei Abenteurer an, die sich klingende Titel zulegten, aber nichts von der Arbeit verstanden, die sie leisten sollten. «Man tut gut daran, sich einen erprobten Mann zuzulegen, etwa einen Chauffeur, einen Schlosser oder Schreiner», der die paar für den Flugzeugbau notwendigen neuen Handgriffe bald gelernt haben wird, und man sorge dann auch dafür, dass er sich gründlich wäscht, denn «unter Schmutz leiden Arbeitslust und Spannkraft der Nerven».

Wenn dann das Flugzeug, nach den unumstösslich richtigen Theorien zusammengebaut, endlich dastand, dann ging's erst recht los. Wie ein Probeflug ablief, schildert der Verfasser des Buches, Camillo Haffner, in ergreifenden Worten. Das ging so: «Die letzten Montagearbeiten wurden mit fliegender Hast beendet, das Flugzeug wird

aus dem Schuppen gezogen, der Führer schwingt sich mit Grandezza und gewöhnlich auch in malerischer Tracht auf den Steuersitz und gibt das Zeichen zum Motoranlassen. Der zeigt meist keine Lust zum Anspringen, und die Mechniker bemühen sich, durch Putzen oder Auswechseln der Zündkerzen die Kanaille zur Vernunft zu bringen, aber vergebens, denn in der Hast und Eile wurde vergessen, Benzin einzufüllen. In seinem unbegrenzten Tatendrang behindert, macht sich der Führer Luft durch Rezitieren seines frischerlernten Schimpfwortvorrates. Endlich schleppt man eine Kanne des unentbehrlichen Benzins herbei, und alsbald schnurrt der Propeller, der Apparat hebt sich unter dem Druck des Höhensteuers, um sofort mit Krach wieder auf dem Boden aufzusetzen. Alles setzt sich in Trab zur Unfallstelle. Der Pilot ist währenddessen aus dem Sitz gekrochen und verlangt, um seine Kaltblütigkeit zu beweisen, nach einer Zigarette. Nach der Ursache der jähen Landung befragt, beteuert er, ein Bodenwirbel oder das Nachlassen des Steuers sei die Schuld gewesen. Er selbst jedenfalls habe nichts verfehlt – kann ein Engel reiner sein?» Die Mechaniker wiederum führen alle Argumente ins Feld, die sie und ihre vortreffliche Arbeit exkulpieren, und so geht das weiter, bis am Ende alle völlig schuldlos dastehen und das Flugzeug als halbe Ruine still und stumm danebenliegt. «Ein überlegter Konstrukteur, der den Mund nicht immer voll nimmt, geht anders vor», betont Camillo Haffner. Womit er vorwiegend sich selber meint.
Was der überlegte Konstrukteur mit seinem Flugzeug anfängt, ist eher arg. Auf die Steuerflächen werden Gewichte gelegt, «und dann bemüht er sich, durch brutale Behandlung etwas zu zerstören». Auch auf die Tragflächen kommen schwere Sandsäcke; «bricht die Fläche zusammen, so darf man sich darüber nicht ärgern, denn sie war nicht mehr wert». Wenn man das ein paar Tage lang getrieben hat, «entläuft gewöhnlich der angeworbene Führer, mit dem der Tatendrang durchgeht. Man lasse ihn laufen – man verliert nichts an ihm. Heisssporne tau-

gen nicht in der Flugtechnik, und zum Halsbrechen ist noch oft Gelegenheit». Dann fängt man damit an, mit dem Flugzeug auf der Wiese herumzufahren, die als Flugplatz dient. «Diese Proben dürfen nicht zimperlich gemacht werden; es schadet nicht, wenn etwas draufgeht.» Der erste Flug darf natürlich nur bei ruhigem Wetter ausgeführt werden, und zunächst wird nur geradeaus geflogen, weil man dabei Mängel erkennt, die beim Kurvenfliegen schon böse Stürze verursachen könnten. Ist der Führer noch nie zuvor geflogen, so gibt's Tricks, die ihm den ersten Flug erleichtern.

«Hat man nichts ausser acht gelassen, so kann man sicher sein, dass durch Nachlässigkeit oder Materialfehler kein Unfall entstehen kann», schrieb Camillo Haffner im Jahre 1912, in dem die Zeit des wahllosen Probierens und des Erfindens im Flugzeugbau bereits vorbei war, wie er betonte. Aber er war vorsichtig, trotz dem hohen Stand der Technik, denn er fügte noch den Satz bei: «Ereignet sich im Betrieb dennoch etwas, so muss man sich kein Gewissen daraus machen, denn dann trifft den Piloten oder eine höhere Macht die Schuld, wofür der Erbauer keine Verantwortung hat.» Denn die Technik in ihrem hohen Stand ist makellos, und Schuld am Unglück hat halt dann nur das menschliche Versagen...

Sauerkrautiges

Es ist wieder einmal so wie mit vielem sonst auch: nichts Genaues weiss man nicht. Immerhin hat man noch nicht die Verwegenheit gehabt, die man zum Beispiel beim Schiesspulver hatte, und irgend eine Person zum Erfinder erkoren, mitsamt Legende über den glücklichen Fund und Denkmal nahe der angeblichen Fundstelle. Und es streiten sich auch nicht, wie bei Homer und Kolumbus, ganze Scharen von Städten um die Ehre, Geburtsort zu sein. Aus welcher Gegend es aber kam – darüber herrscht fröhliche Unklarheit. Man kann da hören, dass Niedersachsen die eigentliche Heimat des Sauerkrauts sei, und dass es von dort aus elbeaufwärts nach Prag kam, wo es bereits vor 400 Jahren auftauchte. Jedenfalls muss es irgendwo erstmals zubereitet worden sein, wo es Kraut, grosse Fässer und Salz gab, und wo zudem das Bedürfnis bestand, ein Gemüse mit langer Kochzeit über ansehnliche Zeiten aufzubewahren. Das kann durchaus in Niedersachsen alles zugetroffen haben. Jedenfalls gilt noch heute das Sauerkraut als typisch deutscher Gegenstand, was dazu führte, dass im Zweiten Weltkrieg die deutschen Soldaten von ihren angelsächsischen Gegnern – falls die nicht ärgere Bezeichnungen verwendeten – «The Krauts» genannt wurden.
Auch über die Wege des Sauerkrauts ins Ausland ist man nicht im klaren. In Italien, wo es «crauti» heisst, ist's noch ziemlich einfach, die Herkunft zu ermitteln, denn dort kommt es vor allem in jenen Gegenden vor, die einst österreichisch waren. Zur Wiener Küche gehört das Sauerkraut längst, mit karamelisiertem Zucker gebräunt und mit Essig gewürzt. Im Südtirol ist's eine verbreitete Speise; im Pustertal gibt's sogar ein Gericht mit dem schönen Namen «Kraut mit Laus», wobei die Laus von kleinen Stücklein Schweinefleisch vertreten wird. In Ungarn, wo das Sauerkraut, zusammen mit Sauerrahm, zu einem Schweineragoût gehört, ist die Herkunft auch recht klar. Aber in Frankreich...

Also in Frankreich gibt's einige Theorien. Eine besagt, das Sauerkraut sei von Schweizer Söldnern kurz vor dem Revolutionsjahr 1789 nach Paris gebracht worden. Eine andere Hypothese glaubt, Soldaten Napoleons hätten es um 1810 in Deutschland kennengelernt und zuhause dann populär gemacht. In Wirklichkeit war's aber eher so, dass nicht ungehobelte Wehrmänner das gehobelte Kraut nach Frankreich verpflanzten, sondern das tat eine richtige Prinzessin mit dem edlen Namen Elisabeth Charlotte. Sie wurde 1652 in Heidelberg geboren, wurde als dickliche, aber noch knusprige Neunzehnjährige aus politischen Gründen mit dem Bruder des französischen Königs Louis XIV., Philippe d'Orléans, verheiratet, und der französische Königshof fand sie recht amüsant. Denn diese Elisabeth Charlotte, kurz Liselotte genannt, war weder auf den Mund gefallen noch konnte sie ihn halten, und im Kreis der Hofschranzen dachte, sagte und tat sie viel Ungewöhnliches. Leider war ihre Ehe nicht eine der glücklichsten, so dass sie bald das tat, was unerfüllte Frauen fern der Heimat nicht selten tun: Sie frass unbändig und schrieb lange Briefe nach Hause. In einem dieser Briefe berichtete sie, dass sie am französischen Hof den deutschen Schinken eingeführt habe, aber auch geräucherte Heringe mit Pfannkuchen, Krautsalat mit Speck, und Sauerkraut. Ihre Umgebung sah's gar nicht gern, wenn sie die drei letzten Gerichte ass, denn bei der damals mangelnden Freude am Waschen und Zähneputzen sowie bei den derben Sitten der Liselotte stand sie nach deren Genuss nicht immer im besten prinzesslichen Geruch.

Eng sind die Beziehungen des Sauerkrauts zu anderen Produkten der jeweiligen Landesgegenden. In Niedersachsen gehören Puree aus gelben Erbsen und Sauerkraut so eng zusammen, dass diese Kombination sogar einen eigenen Namen bekam, nämlich «Lehm und Stroh». Darf man vermuten, dass die Erbsen, die zum täglichen Essen an Bord der Schiffe gehörten, und das gegen Skorbut so wirksame Sauerkraut ihr Zusammenleben bei der Schiffahrt begannen? Wozu sich an besseren

Tagen noch Salzfleisch gesellte. Und schon hätten wir eine Zusammenstellung, die heute weit herum in nördlichen Landen beliebt ist.
In Gegenden aber, in denen Wein wächst, ist das Sauerkraut mit ihm eine glückliche und dauerhafte Ehe eingegangen. Schon im Oberrheinischen Kochbuch einer anonymen Verfasserin, 1811 in Mulhouse erschienen und kürzlich von Franz Keller, dem Adlerwirt von Oberbergen, im Verlag Schillinger neu herausgegeben, wird geraten, dem Sauerkraut nach einer Stunde Kochzeit einen Schoppen Wein zuzusetzen. Das Kochbuch der Henriette Davidis jedoch, das erstmals 1844 in Dortmund erschien, weiss nichts von Wein, sondern gibt dem Sauerkraut beim Anrichten etwas Kartoffelmehl zu. Das hat sich inzwischen in der deutschen Küche dazu ausgeweitet, dass man Sauerkraut meist mit Mehl kocht, so wie es in verfeinerter Form bereits der Leibkoch des bayerischen Königs Maximilian II., Johann Rottenhöfer, in seiner «Anweisung in der feineren Kochkunst», 1866 in Müchen erschienen, zu empfehlen weiss. Die neuere bayerische Küche lässt zum Glück das Mehl mitunter weg und ersetzt es durch eine geriebene Kartoffel, die kurz mitgekocht wird – siehe das lustige Buch «Die bayerische Küche» von Trudl Kirchdorfer (Heyne Verlag, München 1980).
Als am 12. April 1881 in der stark industrialisierten Stadt München-Gladbach im Regierungsbezirk Düsseldorf eine «Commission des Verbandes Arbeiterwohl» eine Kochanleitung für Arbeiterfrauen publizierte, da war natürlich nicht von Wein die Rede, aber von geriebenen Kartoffeln – damit man Sauerkraut allein auftischen konnte, wie das richtig war für die «zahlreichen Fabrikarbeiterinnen, welche gar keine Gelegenheit haben, sich in den häuslichen Verrichtungen auszubilden, da sie von früher Jugend auf den ganzen Tag in den Fabriken arbeiten müssen, um für sich und die Ihrigen das Brod zu verdienen». Das Basler Kochbuch von Amalia Schneider, für die bürgerliche Kochkunst bestimmt und 1877 gedruckt, benötigt jedoch fürs Sauerkraut nicht nur

Wein, Fett («am besten von Gänsen, Enten, Poularden, Capaunen») und geräuchertes Schweinefleisch, sondern auch noch Mehl, Butter, Zwiebel, Borsdorfer Äpfel, Rum und Kirschwasser.
Seinen kulinarischen Gipfel aber hat das Sauerkraut natürlich im Elsass erreicht, wo nicht nur das beste Kraut wächst, sondern auch die besten Zutaten zur Verfügung stehen. Die liebenswerte Irené Kohler gibt in ihrer «Cuisine Alsacienne» (1974 erstmals erschienen und noch immer zu haben) ein Rezept dafür, wie man richtiges Elsässer Sauerkraut macht – aus 50 Kilo Krautköpfen. Wer einen Keller hat, in dem ein Fass Platz hat, kann's probieren. Unter ihren Rezepten für die Zubereitung des Sauerkrauts findet sich natürlich die «Choucroute à la Strasbourgeoise», die für sechs Personen anderthalb Kilo Sauerkraut benötigt, und gewürzt wird mit je einem Viertelliter Riesling und Bouillon, je zwei Zwiebeln und Knoblauchzehen, zwei Gewürznelken, einem Lorbeerblatt, acht Wacholderbeeren und 4-5 Korianderkörnern. Weitere Zutat: 100 Gramm Schweine- oder Gänsefett. Und natürlich Speck, Schweinsgeräuchertes, Würstli und Leberknödel. Irène Kohler nennt noch andere Rezepte, darunter eines, nach dem Hansi, der Zeichner der Elsässer Résistance gegen die Verpreussung vor 1918, sein Sauerkraut kochte. Es benötigt ein Gläslein Kirsch, aber den Rest verraten wir Ihnen nicht. Lesen Sie's selber nach und probieren Sie's aus.
Falls Sie jetzt noch nicht genug vom Sauerkraut haben, verraten wir Ihnen noch eine Idee aus Württemberg, wo's auch ganz ausgezeichnetes Sauerkraut gibt: Sauerkraut-Wähe. Wird gemacht wie Zibelewaije, nur eben mit Sauerkraut statt Zwiebeln. Wir sind gespannt darauf, welcher Wirt das demnächst in seiner Beiz als eigene Erfindung auf die Menükarte setzen wird...

Heia Safari!

Dumpf dröhnt die Trommel durch den ostafrikanischen Busch. Verkündet sie das Nahen eines Zugs von Sklaven, die an die Scheichs von Südarabien verschachert werden? Ruft sie die Stämme des Hinterlandes dazu auf, weisse Männer zu massakrieren, die ihnen Zivilisation bringen und Land stehlen möchten? Einen Dreck tut das die Trommel. Sie gehört zum Schlagzeug im Kitanda-Moto-Hotel und spielt für die Touristen auf, die alle 200 Betten füllen, in jedem Zimmer über Dusche und WC verfügen, die Segnungen der Klimaanlage geniessen, morgens mit einer Tasse Tee geweckt werden, damit's ihnen vor dem Frühstück schon so richtig warm wird, und die dergestalt innerhalb ihrer Badeferien am eigenen Leibe erfahren, was Afrika für ein dunkler Kontinent ist. Mitsamt Nachmittagstee, Golfplatz, Bar, europäischer Küche gemäss dem Kochbuch von Mrs. Beeton sowie einem ans Hotel angeschlossenen Hautarzt. Denn sie haben ja eine Safari gebucht und bewegen sich auf den Spuren von Burton und Speke, Livingstone und Stanley und General Paul von Lettow-Vorbeck.
Seit es unumgänglich geworden ist, dass der Angehörige des gehobenen Mittelstandes die Geheimnisse Afrikas, samt dessen Lebewesen von Spirochäten und Plasmodien über Moskitos bis zu Nashörnern und Elefanten, vermittels Bezahlen eines knapp den Monatslohn erreichenden Betrages während zweier Ferienwochen aufs intimste kennenlernt und (soweit nicht mikroskopisch klein) auch auf den Farbfilm bannt, ist natürlich auch die passende Bekleidung ins Leben gerufen worden.
Sintemalen jede Afrikareise den Namen «Safari» trägt, heisst die zuständige Jacke eben Safari-Jacke. Das tönt hinreissend gut. Niemand erfährt ja während den Ferien in Afrika, dass dort jeglicher Spaziergang ausserhalb der eigenen vier Wände bereits mit Safari bezeichnet wird. So dass eine Hausfrau schon auf Safari geht, wenn sie im Laden um die Ecke ein Päcklein Gummidäfeli mit

Fruchtaroma holt, oder auf der Post eine Briefmarke.
«Safari» – das hat halt etwas unerhört Abenteuerliches. Man hört aus dem Wort das Summen der Tsetsefliegen heraus und das Brüllen der angeschossenen Löwen, das Trompeten gereizter Elefantenbullen und das Rauschen des hochgehenden Rufiji, das monotone Kauen der Negerfrauen, wenn sie den Reis fürs Bier im Munde fermentieren, und den Platzregen im Gezweig der Affenbrotbäume. Was man in Wirklichkeit hören sollte bei den Safari-Jacken, das ist das Klimpern der Franken in der Tasche der Modeschöpfer und das Fluchen des Mannes, der eine wirkliche Safari-Jacke haben möchte und keine findet. Weil nämlich die Safari-Jacken in die Hände der Mode gefallen sind – und das bedeutet ihr Ende.
Mit einer Safari-Jacke ist es so. Man trägt sie in Ländern, in denen die Sonne heiss vom Himmel sticht, und wo man die Hände frei haben möchte, um hungrige Insekten zu verscheuchen und sich mit dem Nastuch den Schweiss abtrocknen zu können. In solchen Ländern muss man ein Kleidungsstück haben, das viele Taschen besitzt, damit man all' das darin versorgen und herumtragen kann, was man dringend benötigt. Zuhause würde man diese Utensilien in einem Rucksack mitnehmen. In heissen Ländern ist ein Rucksack die unmittelbare Vorstufe zu einem Hitzschlag. Weshalb man ihn vermeidet. Weshalb eben die Jacke, die man trägt, viele und riesige Taschen haben muss, in denen alles Wichtige Platz hat. Ausserdem muss sie aus einem Stoff sein, der ganz locker gewoben ist, damit er jede Spur von einem Lüftlein durchlässt und den Schweiss aufsaugt, so dass der verdunsten kann. Falls die Luftfeuchtigkeit das überhaupt noch erlaubt.
Vielleicht können Sie sich jetzt vorstellen, wie eine richtige Safari-Jacke aussehen muss, und woraus sie besteht. Dass sie auch so weit geschnitten sein muss, dass sie nirgends ripst oder auch nur eng anliegt, dürfen Sie uns auch noch glauben.
Jetzt kommt die zweite Tatsache in die Geschichte herein, und das ist die Mode.

Ein kluger Mann hat einmal geschrieben, Mode sei ein bezauberndes Spiel. Weiss der Himmel, das ist sie. Was ihr in die Hände fällt, mit dem spielt sie voll kindlicher Unschuld und Begeisterung. Nun weiss aber jede Familienmutter, dass es in den seltensten Fällen von Gutem ist, wenn man Kindern etwas Ernsthaftes zum Spielen überlässt. Sie haben die unvergleichliche Fähigkeit, seriöse Dinge deren eigentlichen Lebenszwecken zu entblössen und sie in etwas rein Spielerisches zu verwandeln. Das bekommt denen nicht gut. Weshalb ja vorsichtige Menschen ihre wertvollen Geräte und ihre kostbaren Sammelobjekte nicht ihren Kindern überlassen, so sehr das diese auch frustriert und ihnen Erfahrungen fürs spätere Leben vorenthält.

Mit der Mode ist es genau gleich. Alles Ernsthafte und Funktionelle, das durch hämische Ungunst des Schicksals den Modeschöpfern ausgeliefert wird, muss es erleben, sofort ins Spielerische abgebogen zu werden, seine Funktion zu verlieren und zu etwas zu werden, das wunderhübsch aussieht und für überhaupt nichts Rechtes mehr zu gebrauchen ist. Beispiel: die Safari-Jacke. Es ist uns nicht bekannt, welche Koryphäen der Mode sie entdeckten. Sehr bekannt ist uns hingegen, dass Safari-Jakken öfters den Schrei der Herrenkonfektion darstellen. Niemand noch so Bodenständiger, der sie nicht trägt. Kein Konfektionshaus, das sie nicht führt und empfiehlt. Und kein erfahrener Reisender, der nicht über sie flucht. Weil er nämlich wegen der vielen, vielen Safari-Jacken nirgends mehr eine einzige Jacke finden kann, die sich für eine Safari eignet.

Was es nur noch gibt, das sind Gebilde aus soliden, luftdichten Stoffen, möglichst hauteng geschnitten, ungeheuer elegant und ungeheuer ekelhaft unpraktisch. Gebilde mit riesigen Taschen, in die man nichts hineinstecken kann, das grösser wäre als ein Milchbüchlein; weil sie nämlich nur schön sind und deshalb eng anliegen müssen und für nichts Raum haben. Gebilde zudem, bei denen wegen der umwerfend guten Linie auf jede Innentasche verzichtet wurde, oder die nur eine enthalten, in

die man nichts Rechtes hineinstecken kann. Gebilde mit Gürteln, die entweder aus den Schnallen rutschen, oder die am falschen Ort angebracht sind. Gebilde mit Kragen, die man nicht weit öffnen kann, wenn's heiss wird, die man aber zuknöpfen kann, falls man am Strande des Indischen Ozeans in einen Schneesturm geraten sollte. Undsoweiter.
So ist das mit den Safari-Jacken. Man kann sie ausgezeichnet für alles gebrauchen, nur nicht für irgend etwas, das auch nur im entferntesten mit einer Safari zu tun hat.

Dann aber geschah uns Folgendes, und zwar in Hamburg:

Wir spazierten fürbass vor uns hin, und nichts zu kaufen lag uns im Sinn. Aber der Mensch denkt und die Schaufenster lenken. Mitten zwischen einer Beiz, in der griechische Seeleute italienische Speisen assen, und einer anderen Beiz, in der spanische Seeleute sich von einer mit schwarzer Zweitfrisur zu einem andalusischen Vollschiff aufgetakelten hamburgischen Barkasse Wein vom Ebro vorsetzen liessen, fiel unser Auge auf die Auslagen eines Geschäfts für Seemannsbekleidung. Und was hing dort im Fenster? Eine Safarijacke, wie sie sein soll. Mit den richtigen Taschen, im richtigen Schnitt, aus dem richtigen Stoff. Kein Produkt aus der schwülen Phantasie eines Modeschöpfers, dem nie der Sand der Sahara zwischen den Zähnen geknirscht hat. Eine richtige, brauchbare Safarijacke. Und die mussten wir natürlich haben.
Diesbehufs betraten wir den Laden. Eine freundliche Verkäuferin aus Württemberg fragte nach unserem Begehr. Wir sagten: «Diese Jacke dort, bittesehr». Sie sagte: «Die Jacke für Seeoffiziere, gell?». Wir dachten: was schert uns Nam' und Art, solange die Jacke genau das ist, was wir brauchen? Und drum sagten wir: «Ja, bitte». Die Jacke sass uns, als sei sie genau nach unseren Körperformen geschneidert worden; was aber nicht sehr für den Schnitt der Jacke spricht, sondern für die durchaus realen Vorstellungen, die deren Fabrikant von den Linien eines Mannes in den besten Jahren gehabt hatte. «Und welche Gradabzeichen benötigen Sie dazu?» fragte die Verkäuferin. Da uns im Augenblick nichts anderes als Admiral und Kapitän einfiel, und da es leider verschiedene Arten von Admiralen gibt, über deren Abzeichen wir nicht das mindeste wussten, so dass wir uns eventuell sehr blamiert hätten, sagten wir: «Kapitän natürlich». Kapitän entspricht auch durchaus unserem Äusseren. So mit Schifferbart, und so.
Die freundliche Verkäuferin suchte nach den dunkel-

blauen Achselstücken mit den vier breiten Goldbändern, die den Kapitän so wohltuend von minderen Graden unterscheiden. Sie fand aber nur solche mit drei breiten Goldbändern. «Ich will Sie nicht degradieren», sagte sie; «wir haben aber Goldbänder, die Sie selber aufnähen lassen können. Leider sind sie etwas teuer, denn sie sind feuervergoldet. Ich rate Ihnen aber zu diesen, denn die gewöhnlichen werden im Gebrauch mit der Zeit unansehnlich!». Wir hatten zwar nicht die Absicht, nun ständig in Kapitänsuniform herumzulaufen, aber mit dem Weitblick des sturmgewohnten Seemannes erstanden wir die feuervergoldeten Bänder. «Mein Steward wird sie mir annähen» sprachen wir, jeder Zoll ein Kapitän, jede Seemeile ein nautisch bestens erfahrener Mariner. Unser Steward Raki stand daneben und machte ein sauerbitteres Gesicht, da Nähen nicht gerade ihre Lieblingsbeschäftigung ist.

Als unser Steward die feuervergoldeten Bänder annähte, kam jenes engelsgleiche Büblein dazu, das auf den Namen Christopher hört, einer der Schrecken des 20. Jahrhunderts, Rakis Neffe. Christopher trat uns im Vorbeigehen rasch auf die Sitzrundungen, was seine Art von zwischenmenschlicher Kontaktnahme ist, und fragte: «Was ist das?» Unser Steward erklärte: «Das ist eine Kapitänsuniform». «Wozu brauchst Du die?» fragte Christopher mit Blick auf uns.

Nun ist das ja so: wer einmal lügt und sich als Kapitän ausgibt, der muss in diesem Fahrwasser bleiben, falls er nicht ein volles und reumütiges Geständnis ablegen und dadurch seine Seele entlasten will. Das lag uns aber nicht im Sinn. Schon gar nicht gegenüber Christopher, dem fleischgewordenen Terror. Deshalb sprachen wir, mit der selbstverständlichen Würde, wie sie einem ein Leben auf See gegeben hat: «Weil ich als Kapitän eine Uniform tragen muss!». «Ho!» rief Christopher, «und wo ist Dein Schiff?». «Das liegt im Hafen» sprachen wir. «Fährst Du bald ab?» fragte Christopher, mit freudigem Glanz in den Augen. «Ja», sprachen wir. «Wohin fährst Du?» fragte Christopher. «Nach Afrika» sprachen wir.

Etwas Besseres fiel uns im Augenblick nicht ein, obschon es sicher vornehmer geklungen hätte, wenn uns geographische Begriffe wie Trincomalee oder Maracaibo eingefallen wären. «Was tust Du dort?» fragte Christopher. «Ich bringe ein Schiff voll Bier dorthin – 250 000 Tonnen!» sagten wir. Die Zahl der Tonnen hatten wir aus einer Zeitungsmeldung, die von einem Tanker dieser Grösse berichtete. «Nimmst Du mich mit?» fragte Christopher. «Nein» sagten wir aus vollem Herzen, «es hat wegen dem vielen Bier an Bord keinen Platz mehr für Dich.» «Schade» sagte Christopher, nicht ahnend, dass wir ihn aus Gründen des Selbstschutzes auch nicht mitnehmen würden, wenn das Schiff von 250 000 Tonnen völlig leer fahren müsste.

Nun ist das aber so: zu einer Kapitänsjacke trägt der standesbewusste Kapitän ein weisses Hemd. Falls er nach Afrika fährt, wo's ja heiss ist, trägt er ein weisses Polohemd. Also mussten wir ein weisses Polohemd kaufen, da derlei Kleidungsstücke nicht zu unserem Sortiment gehören. Nichts einfacher als das, dachten wir, und gingen in jenen Laden, in dem wir unsere Hemden (bunt) zu kaufen pflegen. Weisse Polohemden gab's dort nicht. Gut, dachten wir, gehen wir halt in den nächsten Laden. Dort gab's keine weissen Polohemden. Im dritten auch nicht, und im vierten noch weniger. Im fünften hatten sie weisse Polohemden, aber nur bis Grösse 34, und die ist uns entschieden zu klein, da wir ja die Figur eines Kapitäns in den besten Jahren besitzen. Der halbe Nachmittag war schon vorbei. Leicht ermüdet gingen wir zum sechsten Laden. Dort gab es sogar eine Verkäuferin. «Weisse Polohemden? Natürlich haben wir das!» sagte sie; «Welche Grösse?». Wir sagten: «42, bitte». Sie sagte: «Oh je...». Darauf gingen wir in den siebten Laden. Dort hatten sie viele Polohemden, violett oder orange, kanariengelb oder rot, mit aufgedruckten Mattenblümlein oder Schottenmuster, mit Quer- oder Längsstreifen in Patisseriefarben, mit Brokatdessin oder Gobelinlandschaften. Nur keine weissen.

Auf dem Wege zum achten Geschäft trafen wir auf einen

sympathischen Mann, der seit langem Direktor jener Firma ist, der das Geschäft gehört. «Hoffentlich finden Sie das Hemd in unserem Laden!» sagte er. Und ob Sie's glauben oder nicht: in diesem Laden hatten sie ein weisses Polohemd. Sogar in unserer Grösse. Wir aber hatten müde Beine vom Herumrennen. Und seither wissen wir: Lügen haben nicht kurze Beine. Sondern müde.

*

«Da schläft man vielleicht nachts noch miteinander, und am nächsten Morgen schwimmt so einer hinaus, und dann frisst ihn der Hai, und was muss die junge Frau da denken?» sagte der Mann aus München und kratzte sich am Bauch. Seine Ehefrau schüttelte missbilligend den Kopf und kratzte sich etwas oberhalb vom Bauch. «Haben Sie kleine Tierlein, dass es Sie beisst?» fragten wir voll Mitgefühl und nötigenfalls auch mit Hilfsbereitschaft. «Nein», sagte der Mann aus München, «wir wohnen im FKK-Camp, und wir haben den Sonnenbrand.» Wenn man in einem FKK-Camp wohnt, kann's leicht vorkommen, dass man den Sonnenbrand an Stellen hat, die bei anderen Leuten im Schatten liegen und deshalb nicht verbrennen können. Eigentlich hatten wir ja nur in Ruhe zu Nacht essen wollen. Was während der Saison auf der istrischen Halbinsel nicht ganz einfach ist, sofern man die Nähe des Meeres sucht. Dort findet nämlich auf jedem auch nur einigermassen begehbaren Quadratzentimeter der Tourismus statt, weshalb Ruhe ein rarer Artikel ist. Mit List, einer anständigen Landkarte sowie langjähriger Erfahrung gelang es uns jedoch, einen Kreuzweg mitten zwischen Feldern und einem kleinen Wäldchen ausfindig zu machen, der weit genug vom nächsten Touristenkaff entfernt war, und von dem aus man doch das Meer noch sehen konnte. Dort stellten wir Tisch und Stuhl auf, kochten uns ein Goulasch, tranken weissen Wein aus Kroatien und freuten uns auf den Sonnenuntergang. Irgendwo hinter dem Wäldchen stand ein Bauernhaus mit ein paar der istrischen Rinder davor, die ungeheuer lange Hörner haben und anderthalbmal so gross sind wie gewöhnliche Rinder. Man ist auf Istrien den Umgang mit ungewöhnlich grossem Rindvieh gewöhnt. Daher sind die Voraussetzungen für den Tourismus sehr günstig.

Die Herrlichkeit mit der Ruhe hielt nicht lange an. Zunächst hörten wir Pferdegetrampel. Dann kam ein Ross getrabt, auf dem sass ein Mann, dem vier weitere Pferde folgten, auf welchen vier Kinder gemischten Geschlechts und verschiedener Altersstufen angebracht waren. «Jetzt reiten wir bis zum Kreuzweg», rief der Mann in bestem Hannoveranisch, «und dann reitet Ihr beide links, wir anderen reiten rechts, marsch!» Der Mann schien nicht aus der Gegend zu sein. Die Rösser machten trabtrabtrab, und die Kavalkade entritt. Daraufhin war eine Zeitlang Stille. Sie wurde unterbrochen von den beiden älteren Kindern, die zurückgetrabt kamen und ganz offensichtlich froh darüber waren, dass sie jetzt allein etwas Passendes unternehmen konnten. Es waren gewiss nicht Bruder und Schwester. Immerhin störten sie unser Goulasch nicht; ihr Sinnen war anderwärts gerichtet. Und dann kam der Mann aus München mit seiner Ehefrau. Er kratzte sich schon von ferne.

Wenn wir die Ruhe suchen und erst noch beim Essen sind, ist für uns der Besuch von Touristen nicht unbedingt das höchste der Gefühle. Das störte das junge Paar nicht im mindesten, schon weil es davon sicher nichts wusste. Der junge Mann suchte ein Gespräch, und seine junge Frau hinderte ihn durchaus nicht daran, es mit uns anzuknüpfen. «Schönes Wetter haben wir, nicht?» knüpfte er. Daran konnte kein Zweifel sein, denn die Sonne brannte recht wacker, und im Wagen war das Thermometer bei 60 Grad stehengeblieben, weil es nicht höher hinauf steigen konnte. «Schön, ja», sagten wir. Daraufhin nahm das Gespräch landschaftlichen Charakter an, indem der Mann sagte: «Dort unten am Strand wohnen wir», wozu er zu einem Strand deutete, den man nicht sah, weil er einen Kilometer entfernt hinter einem Pinienstreifen lag; «Das ist ein FKK-Gelände. Alles läuft ganz nackert herum.» Wenn uns nacktes

Fleisch interessierte, so war das im Moment ausschliesslich das Goulasch. «So?», sagten wir in einem Ton, dem ein Mensch mit Feingefühl sofort hätte anmerken müssen, wie sehr uns das Thema wurscht war. «Ja», sagte der Mann, «am ersten Tag kommt es einem seltsam vor, wenn die Leute alle so nichts anhaben und man so alles sieht, aber am zweiten Tag schaut man schon gar nicht mehr speziell hin. Nicht, Schatzi?». Das Schatzi, seine junge Frau, nickte, aber ihr Gesicht sah dabei nicht sehr glaubwürdig aus. Wahrscheinlich brauchte es bei ihr vier Tage. Wir assen einen Bissen und tranken einen Schluck. «Es ist schön, wenn man so nahtlos braun wird», sagte der Mann und kratzte sich am Bauch, wo sonst die Naht vor Sonnenbrand schützt. Seine junge Frau kratzte sich nicht, aber sie rückte behutsam das Oberteil zurecht, woraus man ersah, dass sie es erst angezogen hatte, nachdem das Malheur des Sonnenbrandes bereits über die Oberweite hereingebrochen war. «Was nützt Ihnen die nahtlose Bräune?», fragten wir, «gehen Sie die dann zuhause im Bureau herumzeigen?». «Haha», sagte das junge Paar, und der Mann meinte: «Das wäre ja schon komisch, wenn man den Kollegen den nackten Hintern vorweisen würde! Ganz braun!». Wir assen das nächste Stück Goulasch.

«Wir haben für diesen Urlaub ein Gummiboot gekauft, mit Aussenbordmotor», sagte der Mann aus München. «Da kann man weit hinausfahren. Aber man muss aufpassen. Es gibt Haie. In der Zeitung stand, dass ein junger Mann aus Norddeutschland zu weit hinausgeschwommen ist, und da hat ein Hai ihn erwischt und hat ihn gefressen!». Wir mampften Goulasch und konnten einen hungrigen Hai durchaus verstehen. «Schlimm muss es für seine Frau gewesen sein, falls er eine gehabt hat», sagte die junge Frau und kratzte sich dort, wo sie von der Sonne verbrannt war. Daraufhin sagte der Mann den Satz, den Sie am Anfang dieses Artikels bereits gelesen haben. Wir sagten: «Man muss eben vorsichtig sein in einem Wasser, wo es Haie hat!». Beide nickten.

Der junge Mann sagte: «Ich möchte mit dem Gummiboot einmal rasch nach Rimini hinüberfahren. Das muss lustig sein!». Wir sagten: «Bis nach Rimini sind es 150 Kilometer. Ausserdem gibt es Strömungen, und der Motor kann versagen. Haben Sie im Boot überhaupt genug Benzin?». Der junge Mann sagte: «Gestern sind wir eine Stunde lang im Boot gefahren, und der Motor hat fast kein Benzin gebraucht. Bis Rimini schaffen wir es schon!». Wir sagten: «Haben Sie Kinder?» Die junge Frau sagte stolz: «Ja, eines.» Wir sagten «Wenn Sie nicht sehr viel Glück haben, so haben Sie dann eine Waise.» Dazu mampften wir Goulasch. Die beiden sahen sich an. Der Mann fragte: «Haben Sie Erfahrung mit so etwas?». Wir sagten: «Ich habe mir gerade vor einigen Tagen die Kapitänslitzen annähen lassen!». Was stimmte. Hoffentlich hat es genützt. Es ist für ein junges Paar immer noch besser, es kratzt sich am Land an ungewohnten Stellen, als dass es auf der Adria abkratzt. Die Haie freilich werden anderer Meinung sein.

Wunderstrassen

Woran erinnern Sie sich wohl, wenn Sie an Städte denken, die Sie besuchten? Sind's die sogenannten Sehenswürdigkeiten von Weltruf, an die sie sich zuerst erinnern – oder was sonst? Was uns angeht, sind's sehr oft Strassen. Gewiss, wenn wir an Pisa denken, fällt uns zu allererst das Panzernashorn ein auf der Tür des Baptisteriums und dann der schiefe Turm, und beim Stichwort Athen taucht vor unserem geistigen Auge die Akropolis auf, schon weil sie in Athen einfach nicht zu übersehen ist, ganz wurscht wo man steht. Aber schon in Athen drängt sich eine Strasse vor, die so gar nichts von der edlen Einfalt und stillen Grösse der Antike an sich hat, sondern eine lärmige und duftende und durcheinandrige Strasse ist, auch wenn sie den schönen Namen Odos Athinas trägt. Selten sieht man dort einen Touristen, obschon's dort die lustigsten Läden von ganz Athen gibt. Aber Touristen in ihrer ganzen Beschränktheit möchten ja selbst in Athen nur das sehen, was möglichst so ist wie bei ihnen zuhause. Und das gibt es in der Odos Athinas nun ganz sicher nicht. Denken wir an Saloniki, so kommt uns, lange vor den byzantinischen Kirchen, die Bazarstrasse in den Sinn, mit erstaunlichen kleinen Buden, in denen man alles bekommt, wes das Herz begehrt und der Magen sich erfreut, vom Votivtäfelchen aus Silberblech, auf denen der Körperteil dargestellt ist, für dessen Heilung man sich an die zuständigen Heiligen wendet, bis zur Moussakà und zum violett schimmernden getrockneten Oktopus. Die Buden sind von einer bewundernswerten Beständigkeit. Brennen sie einmal ab, so sind sie in ein paar Tagen wieder aufgerichtet. Bebt die Erde, so wackeln sie fröhlich mit, knirschen mit den Nägeln, die sie halbbatzig zusammenhalten, und tun daraufhin, als sei nichts gewesen. Während die modernen Häuser in der Nachbarschaft längst in sich zusammengefallen sind. Dauerhaft, so weiss der Fachmann, ist nur das Improvisierte.

Unser Herz höher schlagen lässt auch die Erinnerung an die Via di Pré in Genua. Das ist ein Gässlein, wo man alles haben kann. Von falschen Schweizer Uhren bis zur falschen Liebe, von verlausten Katzen bis zu Spaghetti al pesto, von Postkarten mit der Madonna in Leuchtfarben bis zu Maschinenpistolen. Wir haben dort einmal die erste deutsche Ausgabe von «Tausend und einer Nacht» gekauft, komplett und gut erhalten, für umgerechnet anderthalb Franken. Als wir die kostbaren Bändlein in der nächsten Osteria stolz durchblätterten, schaute uns ein Genuese über die Schultern, las zwei, drei Wörter und sprach dann die Worte «Libro tedesco – pa...». Die ganze Verachtung des mediterranen Menschen für den rauhen, kulturlosen Norden lag in diesem «pa».

Eine Wunderstrasse ist auch das schmale Gässlein mitten durch Kortschula (oh hätte es doch in Basel die Akzente der slawischen Sprache, so dass wir nicht so grässliche Umschreibungen anwenden müssten!). Zweimal weitet es sich zu kleinen Plätzlein, an denen der Dom und das Verwaltungsgebäude aus venetianischer Zeit stehen. Der Rest jedoch ist knapp breit genug für zwei Fussgänger. Mitten drin steht eines der vielen Häuser, in denen Marco Polo geboren wurde. Nebst Homer und Kolumbus ist Marco Polo einer der meistgeborenen Männer – wohin immer man im ehemaligen Herrschaftsbereich der Republik Venedig kommt, wird einem zugerufen «In unserer Stadt kam Marco Polo zur Welt!». Sieben Städte des antiken Griechenland behaupteten, Homer sei in ihren Mauern geboren. Elf Städte erklären sich jeweils zum einzigen authentischen Geburtsort des Kolumbus. Bei Marco Polo sind's noch viel mehr.

Wenn Marco Polo sich seinen Geburtsort selber hätte aussuchen können, wäre Kortschula gewiss seine Wahl gewesen. Denn einen schöneren Ort und ein romantischeres Haus hätte er nirgendwo anders gefunden. Was wir in Kortschula fanden: einen echten montenegrinischen Revolver. Irgendwann so vor rund hundert Jahren erging in Montenegro das Gesetz, das jeder Mann bewaffnet sein müsse. Eine Waffenfabrik in Österreich ging darauf ein und baute für Montenegro einen Revolver, wie ihn die Welt noch nicht gesehen hatte: anderthalbmal grösser als alle anderen Revolver, dreimal schwerer – wer nicht in Montenegro geboren war, konnte so ein Ding überhaupt nur auf einer Lafette benützen. Für Montenegro, wo jemand unter 1,90 Meter Körperlänge als kleinwüchsig galt, war das ein Taschenrevölverchen. Die Montenegro-Revolver sind heute gesuchte Sammelobjekte. In Kortschula sahen wir den ersten. Der Anblick warf uns fast um. In der Schweiz hätte man damals so etwas, mit sechs Pferden bespannt, als Feldgeschütz verwendet.

Jetzt stehen wir vor einem Problem: wir haben vergessen, wie das Strässlein in Brüssel heisst, von dem wir reden wollen. Es liegt ganz nahe bei der Grand'Place, jenem Wunderwerk von Platz, um den herum die Häuser der Zünfte stehen, und da jede alle anderen übertrumpfen wollte, wurde jedes Haus schöner und prächtiger und kostbarer gebaut als die anderen, und darüber kann man sich heute freuen, weil man es nicht mehr zu bezahlen braucht.

Also das Strässlein. Es besteht vorwiegend aus Beizen, und weil Brüssel eine durchaus südliche Stadt ist, stellen die ihre Tische und Stühle aufs Trottoir. Und da gibt es also einen kleineren Wirrwarr zwischen Pommes frites und Moules à la Marinière und Ständen mit frischen Meerfrüchten und besagten Beizen. Zwei liegen sich gerade gegenüber: eine italienische und eine griechische. Wir setzten uns vor die griechische und verzehrten etwas Griechisches und tranken Retsina, und der Beizer begann daraufhin sofort eine höhnische Rede auf sein italienisches Gegenüber, weil wir seine Beiz mit unserer Kundschaft beehrten und nicht die italienische Beiz, und weil wir Retsina tranken statt Valpolicella, und weil wir zur Begrüssung «cherete» gesagt hatten statt «buona sera», und so. Hätten wir uns vor die italienische Beiz gesetzt, so wär's umgekehrt gewesen. Schade, dass es in Basel so etwas nicht gibt. Wir könnten uns das so anmächelig vorstellen, wenn jedesmal, wenn sich ein Gast im «Schweizerhof» einfindet, der Hotelier eine Rede quer über den Centralbahnplatz gegen das «Euler» loslässt, und umgekehrt. Der Centralbahnplatz würde sehr gewinnen, finden wir.

Männlein, die im Walde stehen

Es gab einen kühlen, würzigen Pinot Auxerrois in dieser Beiz, und am Nebentisch sass ein bestandenes Paar. Die Beiz war sonst leer, mitten am Nachmittag, und deshalb hörten wir alles, was die beiden sprachen. Es war nicht viel Gutes. Wir wurden aufmerksam, als die sonst durchaus ehrenwerte Dame sagte: «Duftender Afterleistling!» Das schickt sich nicht für eine gebildete Dame, fanden wir. Der Mann sagte: «Spindelfüssiger Spindling!» Eine Spur besser, aber auch nicht eben liebevoll. Sie sagte: «Filziger Gelbfuss!» Er sagt «Bereifter Klumpfuss!» Sie sagte: «Durchbohrter Leistling!» Er sagte: «Gefaltetrunzliger Milchling!» Sie: «Schamloser Phallus!» Er: «Kuhmaul!» Sie: «Unverschämter Ritterling!» Er: «Schleiereule!» Sie: «Dickfleischiger Schleimkopf!» Er: «Natternschreckling!» Sie: «Gemeine Stinkmorchel!» Er: «Ziegenlippe!» Sie: «Saftloser Täubling!» Er: «Parasitischer Scheidling!»
Hier riss uns die Geduld. Wir sind ein friedliebender Mensch, was nach einstmals zehn Jahren Berichterstattung vom Strafgericht kein Wunder sein mag, und wir finden es durchaus nicht gut, wenn sich zwei ansonsten sympathische Leute aufs unflätigste beschimpfen, und erst noch mit teilweise so lasziven Ausdrücken. Wir erhoben uns, traten an den Nebentisch und fragten mit sanfter Stimme: «Wär's uns vergönnt, zwischen Ihnen Frieden zu stiften?» Die beiden sahen uns lang, aber verständnislos an. «Nun ja», sagten wir, «statt dass Sie sich so mit Beschimpfungen bewerfen, könnten wir ja versuchen, ihren Konflikt durch eine entspannende Diskussion zu entschärfen!» Solche Worte hatten wir durch die Lektüre der Tageszeitung gelernt, und wir waren sehr froh darüber, sie endlich einmal anwenden zu können. Der Reim unseres Satzes war rein zufällig und von uns nicht beabsichtigt worden, aber echte Dichter reimen eben auch unbewusst. Dann aber platzten die beiden los. «Hihihihiiii» sagte sie, und «Hahahahahaaaa» sagte er.

Worauf in uns der Verdacht hochstieg, wir könnten etwas falsch verstanden haben.
Hatten wir auch. Die beiden beschimpften sich keineswegs. Sie unterhielten sich nur über Pilznamen. Aus Gründen, die ein anderer einsehen mag, werden Pilze (baseldeutsch: Schwimm) nämlich mit Namen belegt, die kein rechtes Männlein im Walde auf sich ruhen lassen würde, wenn es sich wehren könnte. Das können die Männlein im Walde jedoch nicht. Ihre einzige Rache besteht darin, dass sie gelegentlich einem erfahrenen Pilzsammler statt einem Steinpilz einen Gallenröhrling unterschieben, der bitter schmeckt wie ein konzentrierter Absud von einem Kilo Wermuthkraut. Oder dass sie eine Familie ausrotten, die ihrer Sache zu sicher war und ein wohlschmeckend' Gerichtlein aus grünen Knollenblätterpilzen verzehrte, statt die Schwämmlein zuvor dem Pilzkontrolleur zu unterbreiten.
Über Pilze steht zurzeit einiges in den Zeitungen, und das regt einen natürlich dazu an, sich auch in den Pilzbüchern etwas umzusehen. Es gibt deren ganze Schäfte voll, und sie sind eine der spannendsten Lektüren, die man sich vorstellen kann. Nach dem, was man ihnen entnimmt, herrschen auf dem Gebiet der Pilzkunde (vornehmer «Mykologie» genannt) seltsame Verhältnisse. Wenn man ein Dutzend Pilzbücher gelesen hat, weiss man ganz genau: Pilze, die man in der Natur sammelt, darf man auf gar keinen Fall abschneiden, ausreissen oder abdrehen. Je nach Pilzbuch gilt dieses oder jenes. Auch darüber, welche Pilze essbar sind, besteht holde Uneinigkeit in der mykologischen Literatur (vornehm haben wir das gesagt, nicht?). Im einen Buch heisst's von einem Pilz, er sei giftig. Im nächsten steht, er sei ein wohlschmeckender Speisepilz, nur müsse man den Stiel entfernen. Im dritten liest man, der Pilz müsse vor dem Genuss mit Wasser abgebrüht werden, und im vierten ist er wertlos und ungeniessbar. Kommt wohl daher, dass die Geschmäcker verschieden sind. Und man darf sich auch nicht wundern, wenn von einem Pilz wie dem Schwärenbauchlamm bzw. Lärchenbaumschwamm im

Buch steht: «Ungeniessbar. Hat in der Heilkunde grosse Bedeutung erlangt.» Es ist ein altes Prinzip in der Medizin: was zum Essen zu miserabel ist, das hat wenigstens Heilkräfte. Überhaupt sind die medizinischen Wirkungen gewisser Pilze nicht ohne Interesse. Vom Riesenbovist zum Beispiel heisst es, er sei gut gegen Störungen des Intellekts und lösche allzu feurige Liebe. Woraus man entnehmen darf, dass Dummheit gut im Bett sein muss. Und umgekehrt. Wir überlassen's den Lesern, darüber zu urteilen. Jeder Mensch hat da ja seine eigenen Erfahrungen.
Ganz durcheinandrig aber wird's in den Pilzbüchern, wenn es um die Abbildungen geht. Da kenn' sich aus, wer kann. Unter einem Bild, das ein nussgrosses Kügelchen auf einem Stiel zeigt, steht: das ist ein Riesenschirmpilz. Und bei einem Pilzbild, das eindeutig schneeweiss erscheint, wird einem beigebracht, das sei dann ein Pilz, der durch seine rosarote Farbe sofort auffalle. Nun, das kann man ja mit gutem Willen noch so hinnehmen. Kriminell geradezu wird es jedoch dann, wenn man einen Pilz, der einem so vor die Flinte lief und den man pflückte, nach den Bildern in den Pilzbüchern bestimmen möchte. Wenn man dazu acht Bücher benützt, findet man mindestens 34 verschiedene Pilze, die alle der Pilz sein können, den man da vor sich hat. Und mindestens drei davon sind giftig, acht ungeniessbar, vier verdächtig und der Rest wohlschmeckend. Was, beim Satanspilz, stimmt nun? Liest man die Beschreibungen, so merkt man: der Pilz, den man gepflückt hat, ist nicht nur 34 Pilze, sondern 57. Denn so viele verschiedene Beschreibungen passen haargenau zu dem arglosen Schwämmlein (baseldeutsch: Schwimmli), das da vor einem liegt und einem nicht sagt, wer es ist. Da kommt kein Schweinsohr (Gomphus clavatus, ausgezeichneter Speisepilz) draus. Geht man dann aber morgens vor 10 Uhr zum Herrn Pilzkontrolleur, der einem zum Preise von 50 Rappen einen rosaroten Zettel von 50 auf 20 mm, an beiden Schmalseiten gezähnt (11½ nach dem Masse der Briefmarkensammler), in die Hand drückt, so

findet der sofort heraus, dass es keiner der 34 bezw. 57 Pilze ist, sondern ganz selbstverständlich ein 35. bezw. 58. Pilz.

*

Quer über die Matten kam er gelaufen, der Herr Michalek. Unter dem rechten Arm trug er einen Damenschirm, zusammengebunden mit einer Schnur. Im Munde hing ihm eine Pfeife, wie man sie auf Försterbildnissen zu gewahren pflegt, von einem Blechdeckel gegen die Unbill der Witterung geschützt. Auf dem Kopf hatte er einen Hut, der vielleicht einmal bessere Zeiten gesehen haben mochte, so ums Jahr 1705 herum, im Zeitpunkt der Sendlinger Mordnacht. In der Linken aber hielt er einen Zehnkilokessel aus Blech, der einst Zitronenkonserven enthalten hatte. Und dieser Kessel war für die Pilze bestimmt, die Herr Michalek im Walde zu suchen gedachte. «Ja mei», sagte Herr Michalek, «heuer san die Schwammerln rar!» Keinen Regen nicht hatte es gegeben, sagte er, und wo er letzten Herbst ganze Körbe voll Steinpilze gefunden hatte, wuchsen heute zwei oder höchstens drei. Und den Bauern gäbe er die sowieso nicht, denn die seien faul – statt das Korn zu ernten, führen sie Mist auf die Felder, weil das einfacher sei, und das Korn pflügten sie einfach unter.

Der Herr Michalek ist der führende Pilzfachmann des Dorfes Hinterpfupfing im Osten von München. Seine Position ist gesichert und unbestritten, indem dass es in Hinterpfupfing unter den übrigen 87 Einwohnern keinen gibt, der welcher sich mit etwas so Hinterfotzigem wie Schwammerln einlassen täte. Nur ein einziges Mal gab's dort einen zweiten Pilzexperten, in der wohlgeformten Gestalt einer zugereisten Dame aus der fernen Schweiz, die mit dem Wagemut der Unerfahrenheit in die Wälder eindrang, keiner Schnaken noch nasser Füsse achtend, und mit ganzen Traglasten von Pilzen daraus zurückkehrte. Freilich fehlte es besagter wohlgeformter Dame an eigenen Kenntnissen. Jedoch besass sie ein Pilzbuch, in dem allerlei Pilzförmiges abgebildet war,

und nach dessen Angaben sammelte sie: Reizker, Maronen, Hallimasch, Ziegenbart, einen Steinpilz (halbwegs von den Maden vorverdaut) und seltsame gelbe Pilze, die beim Anschneiden hemmungslos violett anliefen wie altmodische Kopiertinte.
Ausserdem unterwarf sie die Pilze der Kontrolle des Herrn Michalek, der diesen oder jenen aus der Ausbeute herausnahm, ihn aufmerksam in der Hand herumdrehte, leicht in ihn hineinbiss und dann mit Kennermiene sagte «Ischboa». Was Herr Michaleks sprachlicher Ausdruck für das im Schriftdeutschen «essbar» lautende Prädikat war.
Uns oblag es, die als ischboa erkannten Pilze in wohlschmeckende Gerichte umzuwandeln. Noch nie zuvor haben wir in so kurzer Zeit so viele verschiedene Pilzrezepte aus blauem Himmel herunter erfinden müssen. Noch heute kommt es an hohen Sonn- und Feiertagen zu Hinterpfupfing vor, dass unsere Freunde aus dem Tiefkühler einen steinharten Block herausholen, ihn genüsslich in der Kasserolle erwärmen und als «Waldpilze à la Montcloître» sich und den Gästen zum Genusse kredenzen. Jedesmal wird's dann allen Geniessern sehr mies. Nicht weil die als ischboa erkannten Pilze giftig wären – oh nein. Aber die Geniesser fressen zu viel von den leckeren Pilzgerichten...
Heuer also sind in Hinterpfupfing die Schwammerln rar, wie wir kürzlich aus dem Munde des Herrn Michalek erfuhren. Dafür haben wir seither ein Pilzbuch entdeckt, das mit all' jenen Unsicherheiten radikal aufräumt, die uns bisher vom Sammeln und Essen von Pilzen abgehalten hatten. Ein Pilzbuch, das in 382 unerhört schön, deutlich und instruktiv aufgenommenen Farbphotographien ganze 882 Pilze zeigt, aufs klarste beschreibt, Vorkommen und Essbarkeit schildert, Besonderheiten erwähnt, und erst noch Taschenformat hat. Der Mann, der 364 der Bilder selber aufnahm, ist der doktorierte Ingenieur Bruno Cetto in Trento, wo auch das Buch im Verlag Arti Grafiche Saturnia erschien. Die deutsche Übersetzung und Bearbeitung besorgte Wilheim Mair in

Kundl (Österreich), der sowohl beide Sprachen wie die Pilzkunde beherrscht, und der Mykologe Prof. Meinhard Moser in Innsbruck überwachte die deutsche Bearbeitung wissenschaftlich.
Köstliche Stunden haben wir mit diesem Buch «Pilze nach der Natur» schon verbracht. Wir haben den Cordiceps Militaris bewundert, was ein Feinschmecker unter den Pilzen ist, indem er sich ausschliesslich von toten Insektenlarven ernährt, aus denen er dann orangerot heraussprosst. Und ebenso den Phallus Hadriani, der so aussieht, wie er heisst, obschon man mangels persönlicher Beziehungen zum verstorbenen Kaiser Hadrian (geb. 76 n. Chr.) nur auf Mutmassungen angewiesen ist – aber die Verleiher (oder -innen?) des Namens werden's ja wohl gewusst haben. Wir bewunderten den braunwarzigen Kartoffelbovist, der zwischen einer Walderdbeere und einer Glockenblume wächst, aber nicht nur als ungeniessbar gilt, sondern, oh Schreck, sogar als verdächtig. Wir bewunderten voll Patriotismus den Chroogomphus Helveticus, der etwas schwer auszusprechen ist.
Wir fanden auch den Parasolpilz, den Riesenschirmling, den wir einst auf einer Alp im Centovalli photographierten, und der so gross war, dass er die halbe Magadino-Ebene im Hintergrund verdeckte. Und wir haben fröhliche Stunden verbracht mit der Lektüre der Systematik und aus den Seiten über Zubereitung und Konservierung von Pilzen neues Wissen geschöpft. Worauf wir mit Schrecken das Kapitel über die Giftwirkungen von Pilzen lasen, das ebenso à jour wie spannend ist. Scheint's war alles falsch, was wir bisher über die Toxikologie der Pilze wussten. Tja, die Wissenschaft schreitet eben voran. Et nos mutamur in illa. Vielleicht werden wir dem Herrn Michalek das tolle Pilzbuch einmal zeigen. Auf die Gefahr, dass er hineinbeisst und sagt«Wunderboa!»...

*

Man hat so seine kleinen Liebhabereien, nichtwahr. Eine von den unseren sind Trüffel. Sie haben viel Faszinierendes. Schon die Unklarheit darüber, ob man sie, falls sie in der Mehrzahl auftreten, «die Trüffel» oder «die Trüffeln» nennen muss, und ob sie in der Einzahl «der Trüffel» oder «die Trüffel» hiessen, regt den wachen Geist zum Nachdenken an. Noch mehr aber wirken die Trüffel(n) auf den Körper. Ihr Duft wirft den Feinschmecker vor Begeisterung entweder um oder von einer Ekstase in die andere. Monsieur Brillat-Savarin behauptete, Trüffel(n) miechen die Damen zärtlicher und die Männer liebevoller. Ob das so ist, konnten wir bisher nicht erkunden. An Damen fehlte es nicht, aber an Trüffeln. Ausserdem gibt es wohlfeilere Methoden, um Damen zärtlicher zu machen, als ausgerechnet Trüffel; bei einem Kilopreis von rund 1000 Franken! Der Trüffel, nicht der Damen.

Sie können sich jedenfalls vorstellen, mit welcher Begeisterung wir immer wieder in eine Gegend fahren, in der Trüffel im Boden sowie in der Küche heimisch sind: Ins Piemont. Das Piemont ist, wenn man über den Grossen St. Bernhard fährt und nicht bei den Sehenswürdigkeiten des Aostatales hängenbleibt. Wozu nicht nur ein wundriger Liqueur namens Gènepi gehört, den ein Unternehmer mit dem wohlklingenden Namen Ottoz herstellt, sondern auch ein Dorf namens Fenis, bei dem man gut picknicken kann, und dessen Bewohner unentwegt davor bangen, dass uneingeweihte Setzer ein P statt ein F in den Ortsnamen machen. Gar nicht zu reden von der malerischen Festung Bard und vom Pont St. Martin, der zu unseren Lieblingsbrücken weit und breit gehört.

Von der Küche des Piemont lasen wir erstmals in einem Büchlein von Paolo Monelli «Il Ghiottone Errante», in dem acht Rezepte abgedruckt sind, wovon drei mit Trüffeln. Und zwar nicht mit den ordinären schwarzen Trüffeln zu nur 1000 Franken das Kilo, sondern mit kostbaren weissen Trüffeln aus der Erde des Piemont. «Ha!» sagten wir uns daraufhin, «das nächstemal hältst du nicht in Marengo an, um dort ein Poulet alla Marengo zu essen, das erst noch der ausländische Leibkoch Napoleons am 14. Juni 1800 erfand, und das nur hundskommune Champignons enthält. Nein: das nächstemal isst du in Ivrea!» Ivrea liegt dort, wo die Berge aufhören und die ebenere Landschaft beginnt. Angetan hatte es uns der Name. Gemäss Guide Bleu spricht man dort nämlich französisch, und «ivre» in dieser Sprache heisst auf deutsch: betrunken. Es musste sich also um eine Ortschaft mit recht viel Lokalkolorit handeln im Weinland Piemont, wo Barolo und Barbaresco und Nebbiolo und Barbera und Gattinara und Frèisa und Grignolino wachsen – gar nicht zu reden von Asti und Vermouth.

Oktober war's, als wir in Ivrea ankamen. Also gerade die Hauptsaison für die weissen Trüffel. Der Ort war keineswegs besoffen, sondern hatte eine charmante Altstadt inmitten grosser Industrieanlagen, wo etwa recht Sympathisches produziert wird: Schreibmaschinen. Marke Olivetti. Es ist immer wieder erstaunlich, was in Italien alles Namen hat, die mit Essen und Trinken zusammenhängen. Nicht nur im Piemont. In der Lombardei gibt es sogar ein Dorf, das sich nach einem Basler Weinhändler nennt: Gazzola. Und westlich von Milano haben wir einmal in einem Städtchen gefrühstückt, das heisst zwar Abbiategrasso, aber wir haben es für unseren Privatgebrauch sofort umgetauft in Abategrasso, weil wir uns unter einem fetten Abt etwas Sympathisches vorstellen. Doch das nur nebenbei.

In Ivrea gerieten wir in eine der bezauberndsten Tavernen, die wir je sahen. Niemals werden wir verraten, wie sie heisst und wo genau sie ist. Das Essen war köstlich und preiswert, die Wirtin war eine Schönheit, es war sogar geheizt, der Wein war vom besten. Nur Trüffel gab es nicht.

Nun ja – man kann Pech haben. Das nächste Mal machten wir in einer piemontesischen Stadt mit einem weniger alkoholbelasteten Namen Station: in Tortona. Der Name klang so angenehm nach Torta, und die Zwischensilbe «on» liess eine besonders grosse Torta erwarten. Wir bezogen Quartier auf dem Campingplatz, und da es schon spät war, verschoben wir den Genuss der Landesspezialitäten mit den vielen Trüffeln auf den

nächsten Tag. Morgens um sechs wurden wir geweckt. Nicht von einer Dame, die durch Trüffelgenuss zärtlicher geworden war, sondern von einem Bulldozer, der es sich in seine Schaufel gstzt hatte, just den Platz unter unserem Zelt umzuwühlen. Grub er nach Trüffeln? Keine Rede. Er wollte nur den Campingplatz vergrössern. Und inzwischen werden Sie auch erraten haben: In ganz Tortona gab es keine Beiz, die etwas mit Trüffeln auf der Karte hatte. Aber Spaghetti con ragù bekamen wir.
Kürzlich waren wir in ein Basler Restaurant eingeladen, das war dabei, eine Aktion mit piemontesischen Spezialitäten durchzuführen. Lob sei ihm dafür reichlich gespendet, denn was man im Piemont kocht, gehört zum Schmackhaftesten in ganz Italien und ist erst noch für Schweizer Gaumen besonders geeignet, da es in vielem mit unseren einheimischen Küchen nahe Beziehungen hat. Nur schmeckt's viel besser.
Dort drückte man uns ein Heftlein in die Hand, das von einer gewiss ungemein reizvollen Jungfrau namens Ada Boni geschrieben worden war und «Die piemontesische Küche» heisst. Herausgegeben war es – also schon wieder so ein Name, der mit Essen zu tun hat: von der Ente per il Turismo. Es ist gewiss ungeheuer wagemutig von einem Wirt, wenn er seinen Gästen ein Kochbuch für die Spezialitäten in die Hand drückt, die er ihnen vorsetzen wird. Sie können dann mit dem Finger auf dem Gedruckten nachprüfen, ob er's richtig gemacht hat. Dass es auf den Gerichten nicht von dünn geschnittenen weissen Trüffeln wimmelte, war verständlich – sie sind im Herbst in Saison und nicht jetzt im März. Dafür wimmelte es im Rezeptbuch von ihnen. Von den 65 nicht süssen Gerichten im Büchlein erfordern ganze 24 weisse Trüffel als Zutat. Zwei davon bestehen sogar vorwiegend aus Trüffeln. Nur die Süssspeisen kommen ohne Trüffel aus. Übrigens werden sie «Mehlspeisen» genannt, obschon nur drei der acht Rezepte Mehl enthalten. Aber man erinnert sich: Vom Piemont war's früher nicht weit bis zur Lombardei, und die war bis anno 1859 österreichisch...

Jetzt haben wir also insgesamt 27 Rezepte, die weisse Trüffel erfordern. Nur eines haben wir nicht: weisse Trüffel. Wo zum Teufel bekommen wir sie?

Die Vernissage

Wenn jemand irgend etwas eröffnet, macht er eine Vernissage. Da geht man dann hin, falls man eingeladen ist, oder falls einem niemand den Eintritt verwehrt, bekommt etwas Vino da Pasto oder weissen Kochwein und trifft immer die selben Leute, um die man sonst grosse Bögen macht. In extravaganten Fällen gibt's auch noch Pommes Chips oder etwas anderes aus gesalzenem Umweltschutz-Papier.
Dieser Tage waren wir in eine richtige Metropole zu einer Vernissage eingeladen. Sie fand im ersten Stock einer Bierbeiz statt. Es gab zur Begrüssung Pommes Chips, aber als Getränke alles vom Rossi bis zum Wodka. Nun ja, so ist das in Metropolen, dachten wir. Es waren viele Leute da, von denen wir nur wenige kannten. Aber es gab unter denen eine junge Dame, die hiess Edith und sagte, sie kenne uns vom Lesen. «Ich habe Sie mir ganz anders vorgestellt – so als braungebrannten Playboy!» sagte sie, und darauf lud sie uns sofort ein, bei ihr zu übernachten. «Das da ist übrigens mein Mann», sagte sie noch und zeigte auf einen symphatischen Herrn mit Wuschelkopf. Dann wandten wir uns einer alleinstehenden Dame zu, die trug ein braunes Kleid voller Enten und hiess Edith. Sie war sehr fesselnd, aber sie lud uns zu nichts ein, obschon sie unverheiratet war. Worauf wir uns einer weiteren Dame zuwandten, die aus Strasbourg stammt, ein bewundernswertes Decolleté hatte und Edith hiess. Und die nächste Dame hatte einen dunklen Wuschelkopf und liess uns tief in ihr Herz blicken und hiess E – wieso kommen Sie auf Edith? Sie hiess Elsi. Männer waren übrigens auch da, ganze Scharen. Einer hatte sogar zwei Siamesinnen mitgebracht, was offenbar sein kompletter Bangkok-Service war. Er brauchte zwei – eine allein von den schlanken Elfen wäre niemals mit seiner robusten Statur fertiggeworden.
Dann setzten wir uns zu Tisch und entdeckten eine Menükarte. Ausserdem entdeckten wir links von uns eine

charmante Dame, die beteuerte uns, dass sie Beatrice heisse und ja nicht etwa Beatrix. Und rechts von uns sass eine charmante Dame, die hiess Margrit und ist Ihnen allen bekannt, weshalb wir ihre weitere Identität strikte verschweigen. Auf der Menükarte standen Gerichte verzeichnet, die wir in solcher Überschwänglichkeit überhaupt nur aus dem Inhaltsverzeichnis von Escoffiers «Ma Cuisine» kennen. «Ha», dachten wir, «das ist ein guter Witz! In Wirklichkeit gibt es natürlich Beinschinken mit gemischtem Salat und dann etwas vorfabrizierte Glace aus einem Importgeschäft für chinesisches Trokkenei!». Das erwies sich als Irrtum. Was auf der Karte stand, das gab es wirklich.
Zuerst ein Mini-Steak mit etwas Gänseleber, zu essen mit einem Dittibesteck aus Aluminium. Zum Glück hatten wir uns im letzten Herbst in Patras ein original griechisches Taschenmesser gekauft (eingeprägt stand: Made in Solingen), mit dem wir das Steakibutzi assen. Dann wurde von mindestens acht Bestandteilen der Küchenbrigade ein Kaltes Buffet hereingeschleppt, das begann mit Langustenscheiben und reichte über persischen Kaviar und israelische Melonen zu atlantischen Scampi und ungarischem Schinken, und so. Daraufhin gab es ein Sorbet citron mit Wodka, und dem Margrit sein Mann sagte: «Ich kann dieses Dessert nicht mehr essen.» Es war aber nur eine kleine Erfrischung, damit man darauf das Spanferkel mit Marroni und Äpfeln, mit Zwetschgen gefüllt, besser geniessen konnte.
Das Spanferkel war nicht von schlechten Eltern, sondern von ganz fetten Schweinen und knusperte elegant vor sich hin – um das scheussliche Wort «knackig» zu vermeiden. Der Beaujolais, den es dazu gab, war von einem kleinen Bauern, der an irgend einem See wohnt und sich drum bescheiden «Baur au Lac» nannte. Offenbar liefert er so preiswert, dass er der Bierbeiz seinen Gamay verkaufen konnte. Während wir sonst, gut gegessen habend oder so, zu charmanten Damen immer «Wuff!» zu sagen pflegen, konnten wir jetzt nur noch «Uff!» äussern. Daraufhin gab es das Dessert.

Falls es Ihnen inzwischen nicht schon vor lauter Wasser im Mund den Appetit abgestellt hat, vernehmen Sie jetzt: es gab sechs verschiedene Desserts. Weil wir nicht mehr sehr viel Hunger hatten, wählten wir ein Soufflé glacé au Grand Marnier und ein Sabayon frappé Don Giovanni, höchstens 1500 Kalorien. Und die kleinen süssen Schweinereien, die es daraufhin zum Kaffee gab, konnten wir leider nicht mehr essen. Weil unsere charmanten Nachbarinnen sie bereits aufgefressen hatten.

Der weitere Verlauf des Abends war ebenfalls recht amüsant. Man trank Bier. Eine pyknische Blondine, was ja die reizvollsten Frauen sein sollen, kam auf uns zu und sagte, sie lese immer die Märtberichte, und sie habe eine Spalte zu füllen, in der Lokalzeitung. Wir verschafften uns ein Exemplar mit einem Artikel von ihr und baten sie um ein Autogramm, aber sie lehnte das rundwegs ab. Wir hatten ganz vergessen: neuzeitliche Journalisten sind ja zwar alle sehr gescheit, aber nicht alle können ihren eigenen Namen schreiben. Immerhin konnte die Dame reden. Wir fragten sie nach ihrem Namen, und der lautete – nein, falsch geraten. Sie hiess Hildegard.

Morgens um vier durften wir dann das Hotelzimmer beziehen, das uns gratis zur Verfügung gestellt wurde. Es war ein zweites Bett dort, aber niemand lag darin. Nicht einmal irgend eine Dame namens Edith. Das Zimmer war mit dem neuesten Komfort eingerichtet, der scheint's heutzutage von den Gästen gefordert wird, und hatte den Charme eines sterilisierten Glassarges. Dafür drückte man uns ein Büchlein in die Hand, das war etwa so gross wie die Heftli mit den Abenteuern von Frank Allan, dem Rächer der Enterbten, die wir in unserer Jugend so gerne lasen. Drauf standen die Zimmernummern 3016 und die Etage 10 und der Preis 120 Franken. Für das, was vier Stunden Schlaf kosteten, gehen wir sonst zwei Wochen in die Ferien, mit eigenem Strand und privatem Vogelgezwitscher. Aber man kann nichts sagen: das Frühstück war inbegriffen und bemerkenswert. Wir haben seit Kriegsende keinen so schlechten Kaffee mehr getrunken wie dort.

Vielleicht interessiert es Sie: seit dieser Artikel erschien, sind wir nie mehr zu einer Vernissage in die Metropole eingeladen worden.

Fressbeizlein

Schön haben wir's ja wirklich in Basel. Nicht nur haben wir auf den 369 497 Aren unseres Kantonsgebietes zahlreiche Beizen. Dazu kommen auch noch alle Beizen rings im Umkreis aller drei Länder unserer gesegneten Ecke. Dort ist die Beizendichte zwar etwas geringer, und es soll sogar, horribile dictu, Dörflein geben, in denen es überhaupt keine Beiz hat – wenngleich wir noch nie in so ein Dörflein geraten sind. Aber es soll sie geben, die beizenlosen Dörflein. Kennen Sie vielleicht eines?
Wesentlich berühmter als die beizenlosen Dörfer sind jedoch viele Dorfbeizen. Ihnen hängt der Ruf an, Fressbeizlein zu sein. Sie sind so etwas wie die heutigen Nachfolger der ehemaligen Fressbädlein rings um Basel, die den gefrässigen Städtern Tisch und Bett zur Verfügung stellten – wobei die Gefrässigkeit durchaus nicht nur auf den Tisch beschränkt blieb. Zwar hat sich inzwischen die Anforderung des Gastes an das gastronomische Angebot etwas erhöht, indem ein Menü von anno dazumal heute nicht mehr allzuviele Gäste von weither anziehen würde. Indessen hat sich die Gefrässigkeit erhalten. Als gute Fressbeiz gilt eine, die grosse Portionen serviert. Vor ihr sieht man denn auch Basler Autos in reicher Zahl stehen, und das ganz besonders noch dann, wenn auch das Angebot an Weinen auf die Basler Kundschaft abgestimmt ist. Weine sind ja in der Schweiz aus zahlreichen Gründen alles andere als billig, im nahen Ausland jedoch recht wohlfeil, und im Badischen erst noch teilweise mit dem magischen Wort «Fasswein» ausgezeichnet. So ein Fasswein, glauben Banausen, müsse etwas ganz besonders Gutes sein. Meistens jedoch sind Fassweine eher bescheidene Tropfen, und wenn der Wirt sein Metier nicht richtig versteht, ist so ein Fasswein nach einem halben Jahr zu einem Sammelsurium diverser Weinfehler geworden. Um so besser aber schmeckt er dort, wo der Wirt sich auskennt. Doch kehren wir zurück zum Fressen.

Fressbeizen sind also Unternehmen des Verpflegungsgewerbes, die zu etwas niedrigeren Preisen etwas grössere Portionen verabfolgen. Von der Qualität des Gebotenen ist bei dieser Definition nicht die Rede, und das mit Absicht. Es ist bekannt, dass alles besser schmeckt, wenn man's über den Hag frisst, und das gilt auch für Beizenspeisen. Einen Salat, den man der eigenen Ehefrau ans Haupt werfen würde, schmatzt man in einer Fressbeiz mit Behagen, als wär's eine Manifestation edelster Küchenkünste. Ein Wienerschnitzel, das in der Werkkantine Stoff für erregte Diskussion über die Unzulänglichkeiten des kapitalistischen Systems gäbe, wird im Fressbeizlein nicht nur mit Wohlgefallen vertilgt, sondern auch noch mit Lob bedeckt. Sozusagen alle Fressbeizlein könnten es sich deshalb leisten, die Güte ihres Angebotes bedenkenlos zu vernachlässigen. Und nicht wenige tun das, ohne dass es die Gäste vertreibt. Zumal dann, wenn die Beizen vor dem Haus einen geräumigen Parkplatz aufweisen. Wer einen guten Platz für seinen Wagen findet, ist geneigter, auf gastronomische Leistungen zu verzichten.

Der Wahrheit in der Berichterstattung zuliebe müssen wir aber zugeben: es gibt unter den Fressbeizlein auch solche, die sich eine Ehre daraus machen, qualitativ Höheres zu bieten. Ihnen sei dafür herzlich gedankt. Neben bestandenen Beizen mit berechtigt gutem Ruf sind darunter vor allem auch jene Beizen, die neu aufgemacht haben, oder die von neuen Wirten übernommen wurden. Neue Wirte kochen meist gut. Und wenn sie das eine Zeitlang getan haben, dann stehen sie eines Tages vor der fürchterlichen Entscheidung, ob sie's weiterhin tun sollen oder nicht. Ein Blick über die Schar der Gäste in der Beiz und über die Zahlen in der Abrechnung zeigt ihnen, dass sie Erfolg hatten. Es gibt zwei Dinge, die dazu geeignet sind, die Qualität einer Leistung stark herabsinken zu lassen. Nummer eins: das Fehlen einer Konkurrenz. Wer sich nicht ständig mit den Leistungen eines vergleichbaren Rivalen messen muss, braucht schon ein sehr hohes Mass an Selbstdisziplin und Berufsethos, um

nicht den bequemsten Weg des Schlendrians und der Selbstzufriedenheit und der zunehmenden Verschlechterung zu gehen. Nummer zwei: der Erfolg. Mit ihm macht sich beim Betroffenen die Meinung breit, er sei etwas ganz Besonderes und könne deshalb tun, was er will, und er brauche sich nicht mehr ständig anzustrengen. Erfolg ist die erste Stufe zum Ruin. Auch bei den Beizen. Leider, leider ist's mit den meisten neuen Beizlein, die sich durch gute Leistungen ihrer Küche einen Ruf erlangt haben, bald so, dass sie sich auf diesem Lorbeer ausruhen, statt sich weiter anzustrengen. Lorbeer aber muss stets neu errungen werden, denn er ist nach kurzer Zeit ausgekocht und nichts mehr wert. Wir haben das bei einigen solchen Fressbeizlein miterlebt. Zuerst waren sie ein sogenannter Geheimtip. Man teilte ihren Namen und ihren Standort hinter vorgehaltener Hand den intimsten Freunden mit, die daraufhin die vitalen Daten der Beiz hinter ebenso vorgehaltener Hand weiteren Freunden mitteilten. Wenn Sie etwas von den mathematischen Eigenschaften der Fibonacci-Serie kennen, so wissen Sie, dass nach kürzester Zeit die geheime Fressbeiz zu den allgemeinst verbreiteten Kenntnissen des Mittelstandes gehörte. Zu unserer Entlastung müssen wir hier feststellen: wenn wir jemals von einer solchen besonders guten Fressbeiz wussten, so hielten wir über sie schlicht und einfach den Mund. Leider hat das selten etwas genützt, denn die Beiz war ja auch anderen Leuten bekannt, die sie als Geheimtip weitergaben. Nichts auf dieser Welt ist schwieriger, scheint's, als über gehabte Genüsse zu schweigen. Doch zurück zu den Fressbeizen.
Es kam dann also bald die Zeit. wo die geheime Beiz, von der wir sprechen, bekannt wurde. Man musste, um Platz zu finden, eine Woche im voraus reservieren. In der Wirtsstube sassen bereits Herr Pleti und Frau Kreti. In der Küche werkte das Personal unter dem Schweisse seines Angesichts, der in der Konsistenz mit einer Consommé double zu vergleichen war. Die Einnahmen stiegen. Und damit stieg auch der Anreiz für den Wirt, statt sich weiterhin mit Qualität viel Arbeit und Unkosten zu

machen, lieber auf ein niedrigeres Niveau umzustellen und mit weniger Arbeit und Kosten gleichviel zu verdienen. Wie schon erwähnt: nur wenige Leute haben so viel Charakterstärke, einem solchen Anreiz zu widerstehen. Und was geschah? Aus der guten Fressbeiz wurde eine normale Fressbeiz, und meistens wurde bald darauf eine schlechte Fressbeiz aus ihr, in der nur noch die Portionen etwas grösser und die Preise etwas niedriger waren. Und die dann weiterhin von den kulinarischen Kritikern und von den Gästen so gelobt wurde, als wäre die gastronomische Leistung noch etwas wert. Denn die meisten Gäste fressen alles, wenn's nur mehr und billiger ist. Und die meisten kulinarischen Kritiker verstehen vielleicht etwas von Fussball oder Börsenkursen, aber nichts von den Künsten der Küche. Und vom Keller meist noch viel weniger.

Geheimmuseum

Nicht nur alte Bücher haben ihre Geschicke – auch alte Festungen haben sie. Als sie ihren unmittelbaren militärischen Wert verloren, wurden die meisten abgerissen und eingeebnet, andere wurden zu Magazinen, Gefängnissen oder Übungsplätzen degradiert, und aus wieder anderen machte man Spielplätze, Pilzkulturen, Werkstätten, Jugendherbergen und anderes Argloses. Um einige war man in Kriegen noch recht froh, weil die unterirdischen Gänge der Bevölkerung Schutz vor Bombardierungen gaben – zum Beispiel in Neuf-Brisach am Ende des letzten Krieges. Nun aber ist das Interesse an den alten Wällen, Bastionen, Kasematten und Zitadellen wieder erwacht. In Neuf-Brisach hat man deren Wert als Attraktion schon früh erkannt und sogar bereits dann ein Museum eingerichtet, als Relikte aus der grossen Zeit anderer Festungen weiterhin demoliert wurden. Jetzt erschienen aber auch schon dicke Bücher mit genauen Beschreibungen und Routen für die Besucher von Besançon und der Bundesfestung Ulm, von denen noch viel erhalten blieb. Man kann mit diesen Büchern in der Hand tagelang herumstreifen und nach Herzenslust alles kennenlernen, was früher militärisches Geheimnis war, das auszuspionieren man mit schwersten Strafen zu verhindern suchte. Sogar photographieren kann man getrost, sofern nicht irgend eine moderne Verwendung der alten Gemäuer solches unratsam macht. Nicht immer sind's die Militärs, die das nicht gern sehen – auch allerlei Gelichter treibt in früheren Festungsgängen sein Unwesen und ist nicht gern abgebildet.

Was den alten Festungen auf jeden Fall aber fehlt, ist ihre zeitgenössische Umgebung. Falls so eine alte Festung nicht – wie etwa Prats-de-Mollo in den Pyrenäen – völlig allein stand, gehörte sie organisch zu irgend einer Stadt und deren Umgebung, und die haben sich in anderthalb Jahrhunderten ja gründlich verändert. Es gibt aber eine ganz grandiose Möglichkeit, alte Festungen so zu sehen, wie sie zur Zeit ihrer Blüte vor drei und zwei Jahrhunderten erschienen. Freilich nicht in natürlicher Grösse, sondern in Modellen. Dass man das kann, ist drei Männern zu verdanken, die vor 300 Jahren in Frankreich mächtig waren: König Louis XIV, dessen Kriegsminister François Michel le Tellier, Marquis de Louvois, und dem genialen Festungsbauer Sébastien le Prestre de Vauban.

Man kennt das genaue Datum, an dem die Sache ihren Anfang nahm: 25. November 1668. Ein halbes Jahr zuvor hatte Frankreich ein gutes Dutzend Städte, die zuvor zu den spanischen Niederlanden gehörten, erobert und zugesprochen bekommen. Sie lagen alle im Norden – Lille, Tournai, Charleroi waren die bekanntesten. Da Louis XIV im Sinn hatte, seinen Eroberungskrieg fortzusetzen und Holland anzugreifen, mussten diese Städte als sichere Basen befestigt werden. Vauban leitete gerade den Ausbau von Ath zu einer achteckigen Festungsstadt, als er vom Kriegsminister Louvois den Auftrag bekam, Unterlagen für die Herstellung eines Modells zu liefern. Vauban war von dieser Idee begeistert, denn an Hand solcher genauer Modelle konnte man nicht nur die Verteidigung von Festungen planen, sondern auch deren Eroberung. Es kam in den nächsten Jahrzehnten dazu, dass von jedem bedeutenden festen Platz ein Modell im Massstab 1:600 geschaffen wurde. Nach dreissig Jahren waren es bereits 141, und der Bau ging weiter. Von Rosas in Katalonien bis nach Ypern in Flandern, von Blaye an der Gironde bis nach Philippsburg bei Karlsruhe, von Calais am Ärmelkanal bis nach Briançon in den französischen Alpen blieb kaum eine Festung unmodelliert.

Es waren Wunderwerke, diese Modelle. Nicht nur wurden die militärisch wichtigen Anlagen genauestens wiedergegeben. Auch die Gebäude innerhalb der Städte bildete man genau ab, für Bauten wie Kirchen, Rathäuser und Paläste einen etwas grösseren Massstab wählend, damit sie besser hervorstachen. Manchmal wurden Bürgerhäuser etwas schematisiert, zumal wenn's eilte. In einem Fall aber, einem seltsamen, nahm man es besonders genau. Als 1691 die Stadt Montmélian (südöstlich von Chambéry) belagert und zerstört wurde, schuf man ein Modell, auf dem alle Häuserruinen aufs genaueste nachgebildet wurden, inbegriffen die herumliegenden Trümmer. Das Modell sollte die Zerstörungskraft der französischen Armee zeigen, und das tat's auch.

Freilich: gezeigt wurden diese Modelle nicht. Sie waren eines der am besten gehüteten militärischen Geheimnisse Frankreichs. Niemand durfte sie sehen, der nicht vom König persönlich dazu eine Erlaubnis bekommen hatte. Die Sammlung, im Louvre untergebracht, wurde Tag und Nacht von einer ganzen Kompagnie bewacht, und ihre Existenz wurde so gut wie möglich totgeschwiegen. Erst Louis XV mässigte die Geheimhaltung und zeigte hin und wieder ein paar der Modelle seinen hochgestellten Besuchern. Unter seinem Nachfolger Louis XVI war die Einschätzung ihres Wertes aufs Mal recht zwiespältig. Einerseits wollten die Militärs die Modelle erhalten; andrerseits erklärten zivile Fachleute, voran die Architekten Jacques-Ange Gabriel und Germain Soufflot, die Modelle für läppischen Giggernillis, den man wegwerfen sollte. Zum Glück für die Nachwelt waren die Militärs stärker. Nur der Regen bedrohte die Modelle und tropfte durchs schadhafte Dach auf sie, so dass man einen besseren Platz für sie suchte und auch fand: im vierten Stock des Hôtel des Invalides. Der Transport quer durch Paris dauerte sechs Monate, beanspruchte mehr als tausend Fuhren, und ein dutzend Modelle gingen dabei verloren. Als die Revolution kam, wurden die Modelle der Festungsverwaltung zugeteilt. Während eines Monats im Jahr konnten nun auch Zivilisten sie besichtigen – aber sie brauchten dazu die Bewilligung des jeweiligen Kriegsministers. Noch bis in unsere Tage blieb das so – in den längst obsoleten Befestigungen selber konnte man nahezu ungehindert herumspazieren, und auf den Landkarten waren sie recht detailliert eingetragen, aber ihre Modelle galten noch immer als militärische Geheimnisse und waren unzugänglich...

Was die Modelle im Hôtel des Invalides in Paris so bedeutungsvoll macht, ist nicht nur ihre getreue Wiedergabe der verschiedensten Systeme von Befestigungen, die den Fachmann interessieren. Es ist vor allem ihr historischer Wert als Abbildungen des früheren genauen Zustandes von Städten – und das dreidimensional. In manchen Museen hat man sich bemüht, nach alten Unterlagen Modelle von Städten zu fertigen – auch in unserem Stadtmuseum im Kleinen Klingenthal. Die Pariser Modelle aber sind zeitgenössische Darstellungen, die genau zeigen, wie in den Jahren ihrer Anfertigung Städte wie Besançon und Auxonne, Namur und Bayonne, Oléron und Belfort, Metz und Grenoble und viele andere aussahen. Darunter auch Huningue vor unseren Toren, dessen Befestigungen nach 1815 bis auf ein paar schäbige Reste geschleift wurden. Die Modelle sind deshalb zu wertvollsten Dokumenten geworden. Zudem sind sie einmalig, denn nirgendwo sonst auf der Welt gibt es etwas auch nur entfernt Ähnliches an Genauigkeit bis in die Details der Äcker und Bäume, an Zahl der Objekte und vor allem: an Schönheit. Die Anzahl der Besucher des zum «Musée des Plans-reliefs» gewordenen ehemaligen Geheimmuseums nähert sich 200 000 im Jahr. Wie gut, dass die zu ihrer Zeit so berühmten Architekten Gabriel und Soufflot nicht zum Zuge kamen, sondern dass man den läppischen Giggernillis erhielt...

Erbsensuppe à la Nostradamus

Den Namen Nostradamus haben Sie vielleicht schon einmal gehört. Erstens kommt er im «Faust» vor. Zweitens hat Nostradamus ein sehr berühmtes Buch geschrieben, vor 420 Jahren, das den Titel trug «Hervorragendes und sehr nützliches Büchlein, bedeutungsvoll für alle, die verschiedene erlesene Rezepte kennenlernen möchten». Die Rezepte betrafen a) Mittel zur Verschönerung von Damen, nämlich Kosmetika, und b) Mittel zur Verwüstung von Damen, nämlich süsse Speisen mit vielen Kalorien. Er hat noch einiges anderes hinterlassen, der Nostradamus, aber in letzter Zeit haben wir schon zu viel über Okkultes schreiben müssen, und drum lassen wir seine weiteren Werke nun eben unerwähnt.
Dass uns der Nostradamus einfiel, verdanken wir einem sehr wohlschmeckenden Grund. Wir wurden nämlich dieser Tage eingeladen, endlich wieder einmal eine ganz richtige Bouillabaise zu geniessen, von einem ebenso richtigen Marseillais zubereitet. Nie werden wir Ihnen verraten, wie der Hotelier heisst, dem wir die Einladung verdankten – sein Name lautet Rolf Gasteyger. Und wenn wir eine Bouillabaise riechen, dann fällt uns sofort eine andere Suppe ein. Sie hat gegenüber der Bouillabaise den eminenten Vorteil, dass wir genau wissen, wie sie entstanden ist. Von der Bouillabaise wird behauptet, dass Engel sie erfanden, als ein mit Heiligen völlig vollgepfropftes Schifflein seinerzeit am Strande südlich der Camargue landete – heute liegt dort der Ort Les Saintes-Maries-de-la-Mer, wohin vagierende Horden von Touristen und wohlorganisierte Gruppen von Zigeunern zu reisen pflegen, um sich gegenseitig zu filmen und auf Band aufzunehmen. Es ist jedoch eher wahrscheinlich, dass die Bouillabaise von hungrigen Fischern erfunden wurde, die einfach alles, was ihnen in die Netze geraten, in einen Topf warfen und kochten. Fischer jedoch pflegen keine Engel zu sein. Nicht einmal ihre Sprache hat einen himmlischen Wortschatz, und das schon gar nicht,

wenn sie Hunger haben. Von unserer Erbsensuppe à la Nostradamus jedoch kennen wir den genauen Ursprung. Der war so:
Wir sassen auf dem kleinen Plateau oberhalb von St-Rémy-de-Provence, abends, im Hochsommer. Wir hatten Hunger. Früher gab es dort eine kleine Beiz sowie einen noch kleineren Hund mit Namen Cocotte. Beide waren leider eingegangen. Zwar hätten wir unten im Städtlein eines der Restaurants aufsuchen können, die dort ihre wohlbestallten Speisekarten aushängten. Aber erstens suchten wir die Ruhe, und zweitens waren sie uns zu teuer. Und drittens hatten wir sowieso Lust zum Kochen. Wir liessen deshalb einen Blick über unsere Vorräte schweifen – ein Mensch von Lebensart, der reist, hat ja ohnehin für einige Tage Proviant im Wagen. Manches kam uns unter die Augen. Büchsen mit Corned Beef, nach Jahrgängen geordnet. Senf aus acht verschiedenen Ländern. Eine erstaunliche Sammlung von interessanten Weinen. Zuckersüss eingemachte Früchte aus Griechenland. Sauerkraut aus Württemberg (zum Glück in einer Büchse). Und schliesslich auch ein Päcklein Erbsensuppe. Beziehungsweise eines jener Präparate, von denen die Firmen Knaggi und Morr, oder wie sie heissen, ihr Leben fristen. Es hatte einen Knick, weshalb man es eigentlich überhaupt nicht mehr hätte essen sollen. Wer weiss, was für Tierlein sich da eingeschlichen hatten – Siebenschläfer oder Smaragdeidechsen, oder was sonst. Aber wir bekamen plötzlich grauenhaft Lust auf Erbsensuppe. Im Hochsommer, abends, in der Provence. Wenn man schon einen Knacks hat, dann soll man einen zünftigen Knacks haben.
Also kochten wir Erbsensuppe. Freilich nicht ganz nach Gebrauchsanweisung. Sie wurde ein bisschen anders, als die Firma Knoggi oder Marr, oder wie sie hiess, sich die Erbsensuppe vorgestellt hatte. Erstens suchten wir am Rande des Plateau ein paar Kräutlein. Es wuchsen dort in edler Fülle Thymian und Origano, ausserdem Fenchel. Zweitens holten wir aus dem Wagen eine Flasche mit Olivenöl, kaltgepresst, Qualität «extra vierge».

Frankreich ist eines der Länder, wo man nicht nur eine Jungfrau sein kann, sondern sogar eine Extrajungfrau. Freilich kommt dort auch das Gegenteil vor – aber das gibt es in sämtlichen Ländern. Ferner entnahmen wir unseren Vorräten eine Knoblauchknolle, eine sehr reife Tomate und einen Rest Brot. Letzteres war schneeweiss und hörte auf den Namen Baguette. Und dann begannen wir mit der Arbeit. Diese war ein Vergnügen.
Zunächst schälten und entkernten wir die Tomate, schnitten sie sehr klein und liessen sie in etwas Olivenöl im Topf anziehen, Der Begriff «etwas Olivenöl» ist in der Provence dehnbar. Er beginnt bei sechs Esslöffeln und endet bei einem Liter. Dann liessen wir zwei ganze Knoblauchzehen im warmen Öl ziehen, nahmen sie heraus und warfen sie in allgemeine Richtung auf das römische Mausoleum, das unweit herumstand. Die alten Römer liebten den Knoblauch. Es war deshalb eine gute Tat. Dann bereiteten wir die Erbsensuppe gemäss Vorschrift. Als sie knapp fertig war, wurde sie mit frischen Kräutlein (siehe oben) gewürzt. Daraufhin schnitten wir Scheiben vom Weissbrot, rösteten es leicht an und rieben es mit Knoblauch ein. Das legten wir in die Teller, gossen etwas frisches Olivenöl darüber und wollten Suppe einfüllen. Dazu kamen wir jedoch nicht, weil eine Stimme ertönte, die sagte: «Das duftet aber gut!»
Die Stimme war das Privateigentum eines Mannes, der sich in der Dämmerung das Mausoleum angesehen hatte und durch den Geruch angelockt worden war. Da wir einen wesentlichen Teil unserer Erziehung zum Menschen in primitiven Ländern genossen haben, luden wir ihn zum Probieren ein. Er probierte recht wacker, grunzte vor Behagen, trank dazu von dem dunklen Rotwein, den wir in Arles gekauft hatten, und fragte dann, was das wohl für eine Suppe sei, die da? Wir hatten am Nachmittag den Ort St-Rémy zum x-ten Male durchwandert, hatten endlich den Brunnen mit dem Porträt des in St-Rémy geborenen Nostradamus im richtigen Licht photographiert, und sagten drum: das ist eine Erbsensuppe à la Nostradamus.

Unser Gast ging nach einiger Zeit von dannen; wir hatten ganz vergessen, ihn nach Name und Herkunft zu fragen. Inzwischen haben wir aber schon ein paarmal von Leuten, die dort in der Gegend gewesen waren, eine spannende Nachricht erhalten. Sie sagten, sie hätten etwas ganz Ausgezeichnetes gegessen. Sicher ein uraltes Gericht aus dem tiefen Mittelalter. Eine ungemein wohlschmeckende Suppe. Eine Erbsensuppe à la Nostradamus. Wir haben das Gefühl, dass wir an deren Entstehung leicht mitbeteiligt gewesen sein könnten. Finden Sie nicht auch?

Josel v. R.

Des Mannes Name meldet kaum ein Buch und schon gar nicht ein Heldenlied. Man sucht ihn meist vergebens in Lexika und biographischen Handbüchern, die unvermittelt und ohne Halt bei Josel direkt von Josaphat zu Joseph übergehen. In ein paar historischen Werken werden ihm einige Zeilen gewidmet. Mit acht Zeilen taucht er auf in einem Buch, das einem tragischen Irrtum oder einem hoffnungslosen Optimismus entsprang: dem Philo-Lexikon. Es erschien im November 1934 in Berlin und hatte die Absicht, die von den Nazihetzereien verblendeten Deutschen über das wahre Wesen des Judentums in Vergangenheit und Gegenwart zu unterrichten. Ein paar Exemplare haben sich erhalten. Die anderen gingen in Flammen auf. Man findet Josel erst wieder in dem «Lexikon der deutschen Geschichte» des Verlags Kröner (Stuttgart), kürzlich erschienen. Und hier steht auch, am Ende von 20 Zeilen nicht unbedingt richtigen Textes, ein Literaturhinweis: «S. Stern, J. von R. 1959».
Einige Jahre sind vergangen, seit wir einmal über Biographien in deutscher Sprache Kritisches schrieben. Wir sagten: entweder stammen sie von Schriftstellern – dann sind sie meist lesbar, aber inhaltlich unzuverlässig. Oder sie stammen von Historikern – dann sind sie inhaltlich zuverlässiger, aber meist grausig geschrieben und unlesbar. Wirklich gute Biographien historischer Persönlichkeiten – so sagten wir – können nur Engländer und ein paar Franzosen schreiben. Daraufhin bekamen wir ein Telephon von einer Dame, die uns sagte: «Sie kennen die Selma Stern nicht! Die kann Geschichte so schreiben, dass es ein Genuss ist, sie zu lesen. Ich schicke Ihnen ein Buch von ihr, über den Josel von Rosheim.» Das Buch haben wir nie bekommen. Aber wir fanden es im Katalog eines Berliner Antiquariats, bestellten es und lasen es. Tatsächlich: eine Biographie aus der Feder einer Historikerin, die bei aller wissenschaftlichen Genauigkeit hervorragend zu schreiben versteht! Ihr «Josel von

Rosheim» ist ein Werk, das wir allen angehenden Historikern zur Lektüre empfehlen, damit sie daraus lernen, wie man solche Sachen schreibt. Und zudem lebte Selma Stern in Riehen.

Wer aber war dieser Josel von Rosheim? Er ist der Beweis für die Unrichtigkeit des Shakespeare-Zitates «Was Menschen Gutes tun, das überlebt sie. Das Schlechte wird mit ihnen meist begraben». Es steht in der Marc-Anton-Rede im «Julius Cäsar. Genau das Gegenteil ist der Fall. Alle Schlechtigkeiten werden jahrhundertelang weiter kolportiert und müssen von geplagten Schülern und Studenten gelernt werden. Das Gute aber, das eine Handvoll Leute der Weltgeschichte taten, das wird totgeschwiegen oder mindestens auf unlautere Motive zurückgeführt...

Wann und wo Josel von Rosheim geboren wurde, weiss man nicht. Die Jahreszahl 1480 wird genannt, aber es kann auch 1478 gewesen sein. Vermutlich kam er in Hagenau zur Welt. Sein Vater war keineswegs, wie bei Kröner fälschlich steht, der Jakob Loans, Leibarzt des Kaisers Friedrich III. Wie Selma Stern herausfand, stammte Josel zwar schon aus der Familie der Loans, die so hiess, weil sie aus Louhans in der Landschaft Bresse nach Deutschland gewandert war. Josels Vater aber war kein kaiserlicher Leibarzt sondern ein kleiner Händler, der als Bub aus dem Städtlein Endingen am Kaiserstuhl ins Elsass geflohen war. Und das mit guten Gründen. Denn in diesem Endingen ereignete sich im Frühjahr 1470 eine grausige Geschichte. Drei Juden – Elias, Eberlin und Mercklin, die Onkel des Buben – und vier Juden aus Pforzheim wurden dort aufs erbarmungsloseste gefoltert, nach dem dadurch erpressten falschen Geständnis zum Tode verurteil, am Schwanz von Pferden aus der Stadt geschleift und dann an einer Wegbiegung hingerichtet, die heute noch Judenbuck heisst, worauf man die Leichen im Felde verscharrte, das noch jetzt den Namen Judenloch trägt.

Der Grund für diese Untat ist in Akten erhalten. Es begab sich nämlich im Herbst 1462, dass eine Bettlerfamilie – Mann, Frau, zwei Kinder – abends nach Endingen kam. Niemand wollte sie beherbergen. Nachdem sie ergebnislos an christlichen Häusern angeklopft hatten, kamen sie zum Hause des Rabbi Elias. Dessen Frau Sara nahm die Bettler auf. Acht Jahre später fand man im Beinhaus des Friedhofs die Knochen eines Mannes, einer Frau und zweier Kinder. Eine Untersuchung wurde angestellt, und dabei sagte ein Nachbar des Rabbi Elias, ein Metzger und bei Elias stark verschuldet: er habe damals vor acht Jahren im Hause des Rabbi seltsame Schreie gehört – wie von Kindern, denen man das Blut abzapfte. Als Metzger musste er darüber natürlich ausgezeichnet Bescheid wissen.

Man spannte nicht ihn auf die Folter, um die Wahrheit seiner Anschuldigung zu überprüfen, sondern den Rabbi Elias und dessen zwei Brüder. Von den unsäglichen Schmerzen der Folter gepeinigt, gestanden sie vier Morde, die sie nie begangen hatten. Wie so viele andere vor und nach ihnen, zogen sie es vor, hingerichtet zu werden, als noch länger die Foltern zu erdulden.

Der Justizmord an den drei Endinger und vier Pforzheimer Juden des Jahres 1470 wird natürlich in den allermeisten Büchern, in denen Endingen vorkommt, heute völlig totgeschwiegen oder mit nichtssagenden Bemerkungen umgangen. Jahrhundertelang – und noch jetzt – sind aber die Gebeine der damals von unbekannter Hand ermordeten Familie (falls es überhaupt deren Überreste sind...) in der Kirche St. Peter nahezu wie heilige Reliquien verehrt worden, und noch immer kann man dort das Reliquar sehen, worin sie liegen. Zeuge für das Wirken jener menschlichen Einrichtung, die sich aus unbekannten Gründen «Rechtsprechung» nennt, aber auch für die unsterbliche Dummheit und Gemeinheit des Menschenvolkes.

Aus diesem Endingen, das nach dem Justizmord alle Juden aus seinen Mauern vertrieb, war Josels Vater Gerson geflohen. Zunächst kam er nach Oberehnheim – heute Obernai. Nach Freiburg oder Basel konnte er nicht fliehen, denn von dort waren die Juden schon lang zuvor vertrieben worden. Aber in Obernai bedrohten ihn neue Feinde, und zwar die biederen Eidgenossen. Um die Jahreswende 1476 auf 1477 lagen sie, im Solde des lothringischen Herzogs René II., mit Karl dem Kühnen von Burgund im Streite und zogen gen Nancy, das Karl belagerte. Um unterwegs ihre Mütlein zu kühlen und Beute zu machen, setzten sie den Elsässer Juden überall zu, wo die zu finden waren, mordeten und plünderten, schändeten und brandschatzten (die lieben Eidgenossen...). Gerson in Obernai und seine junge Frau Reislin flohen vor den ungattigen Schweizern, verbargen sich lange Zeit in den Burgen Hoh-Barr und Lützelstein, litten Hunger und Durst, und irgendwann in den nächsten Jahren kam Josel zur Welt.

Josel wurde in eine schlimme Zeit hineingeboren. In deutschen Landen erhoben sich Bauern und Städte, Bauernkriege brachen aus, und dabei ging man selbstverständlich auch auf die Juden los. Die Reformation kündigte sich an und brach über Deutschland herein, wobei die Reformatoren natürlich auch die Juden verdammten. Allerlei Fanatiker, zum Teil christlich gewordene Juden, riefen zu Greueltaten gegen die Juden auf.

Und dazu wurde nun ein Mann deutscher Kaiser, der Nachkomme jenes spanischen Königspaares Ferdinand und Isabella war, die alle spanischen Juden vertrieben, mordeten oder zwangsbekehrten: Karl V. Es sah schlimm aus für die Juden in deutschen Landen, und es wurde auch schlimm für sie. Dass es nicht noch schlimmer wurde, verdankten sie einem Manne, der mit einem unvorstellbaren Mut, mit Klugheit und Wissen und Geschicklichkeit immer wieder überall dort auftrat, wo Not gross war. Der Mann hiess Josel von Rosheim. Lesen Sie in Selma Sterns Biographie (erschienen 1959 in der Deutschen Verlagsanstalt Stuttgart) selber nach, was dieser Josel tat. Es wird Sie nicht reuen. Das Buch ist das einzige Denkmal, das es für ihn gibt. Nicht einmal sein Grab kann man ehren, denn niemand weiss, wann er gestorben ist und wo...

Reife Rossbollen...

Früher stürzten sich die Spatzen auf Rossbollen und pickten daraus, was ihnen mundete bzw. schnabelte. Heute weiss kaum noch ein Spatz, was ein Pferd ist, geschweige denn ein Rossbollen, und wenn ein rares Ross einen Bollen fallen lässt, so kommen von allen Seiten die Hobbygärtner gelaufen und streiten sich um die köstliche Frucht. Auf Rossbollen gestürzt hat sich nun aber auch jemand, von dem man das eigentlich gar nicht erwartet. Nämlich der Amtsschimmel von D-78 Freiburg im Breisgau. Und nicht etwa aus Sympathie, was man bei einem Schimmel ja verstehen könnte. Nein: aus Abneigung. Und das ging so:
Es gibt in Frankreich eine liebliche Stadt namens Sancerre, in deren Umgebung ausgezeichneter Wein produziert wird. Ausserdem gibt's Ziegen. Wir kennen ein paar von ihnen persönlich – liebenswerte, freundliche Geschöpfe. Aus ihrer Milch macht man Käse, der Chavignol heisst. Man isst ihn, wenn er mindestens zwei Wochen alt ist. Dann ist er aussen schimmelgrau und innen weiss. Der Chavignol hat aber noch einen Verwandten, der ebenso geformt ist, nämlich wie ein kleinerer Rossbollen, nur oben und unten abgeplattet. Der Verwandte ist jedoch mindestens zwei Monate alt, ist aussen dunkelgrau bis rotbraun, innen hart und brüchig, und heissen tut er Crottin. Was der französische Ausdruck für Rossbollen ist. Feinschmecker essen ihn aber nicht schon nach zwei Monaten Reifung, sondern nach einem halben Jahr und mehr. Dann ist der Crottin auch innen braun und riecht sehr ranzig – aber das ist eben genau das, was Feinschmecker an ihm schätzen. Wie es ja auch Leute giebt, denen Wild erst schmeckt, wenn es halbwegs faul ist, oder die hundertjährige Eier und stinkenden Stockfisch bevorzugen. Chacun à son haut-goût.
Solcher Crottin ist in D-78 Freiburg in die Hände der Lebensmittelkontrolle gefallen, die den Käseladen des Hanns Stähle besuchte. Dort gibt es zwar auch jene sanf-

ten Scheibletten, mit denen man in Deutschland so gern das Butterbrot belegt, wenn man keine Marmelade hat, und es gibt auch andere Käse, die schön aussehen und nach wenig schmecken. Es gab aber den Crottin. Der sieht weder schön aus noch schmeckt er nach wenig. Im Gegenteil. Es ist eine der hehren Aufgaben der Lebensmittelkontrolle, die arglose Bevölkerung vor verdorbenen und schädlichen Esswaren zu schützen. Deshalb stürzten sich die Kontrolleure, die keinen Hochschein von kulinarisch hochwertigen Crottins hatten, auf die rossbollenförmigen Käslein, beschlagnahmten sie als «nicht zum Verzehr geeignet» und nannten sie «ekelerregend». Käsehändler Hanns Stähle musste vor Gericht erscheinen und wurde zu einer Busse verurteilt. Klug, wie er ist, appellierte er.

So kam es zu einer zweiten Verhandlung. Bei der sassen im Publikum die Berichterstatter der wichtigsten Zeitungen, ja sogar der Feinschmecker-Journalist Gerd von Paczensky – nicht ganz ohne unsere Schuld, denn wir hatten seinerzeit über die erste Verhandlung berichtet, und was im «Märtbricht» steht, wird in Deutschland stark beachtet. Auch wenn dort kein Mensch auf den Gedanken kommt, uns als Quelle anzugeben.

Die zweite Verhandlung, vor der Zweiten Strafkammer des Landgerichts in D-78, hat nun stattgefunden. Der Amtsschimmel hat erneut gewiehert, und zwar aus zwei Experten der Lebensmittelkontrolle: einem Tierarzt und einem Oberregierungschemierat. Was Chemie ist, wissen wir. Aber was in aller Welt ist Oberregierungschemie? Gewiehert hat der Amtsschimmel auch aus dem Staatsanwalt. Alle drei fanden nach wie vor, die unter Feinschmeckern allüberall anerkannten Crottins seien für sie eklig, unessbar und verdorben. Zwei französische Käsekenner, einer aus Paris und einer aus Colmar, versuchten dem Gericht beizubringen, was ein guter Käse aus Frankreich namens Crottin ist. Bei den Experten war das vergebliche Liebesmüh – für sie muss ein Käse schön aussehen.

Der Richter hingegen – also ihm möchten wir einen

Kranz winden. Und den Beisitzern auch. Sie probierten nicht nur die vollreifen Rossbollen, sondern sie sprachen auch ein sehr vernünftiges Urteil. Nach sechseinhalb Stunden Verhandlung kamen sie zum Schluss: Der Käsehändler Hanns Stähle wird freigesprochen. Crottin entspricht zwar nicht den Käsevorstellungen von Hildegunde Müller, aber er ist ein Käse, den Feinschmecker in einem Spezialgeschäft finden wollen. Und deshalb ist es keine Sünd', wenn er im Fachgeschäft geführt wird. Im Gegenteil: Auch der Wunsch von Feinschmeckern ist ein Rechtsgut, das vom Gericht zu schützen ist. Wir müssen sagen: il y a des juges à Fribourg!

Was die deutschen Fachexperten angeht – also aus ihnen hat nicht nur der Amtsschimmel gewiehert, dass es eine Art hatte, sondern auch eine gewisse (um es milde zu umschreiben) Unwissenheit. Sie mussten – wie das Ute Köhler in der «Stuttgarter Zeitung» schrieb – sich vor Gericht sagen lassen, dass man den Crottin ohne Rinde essen soll. Eigentlich hätte man ja erwarten dürfen, dass Fachexperten sich die Mühe nehmen, wenigstens in der Fachliteratur nachzulesen. Da hätten sie zum Beispiel bei Pierre Androuet, dem grössten Käsespezialisten der Welt, die Feststellung gefunden, dass er sämtliche Käse ohne Rinde isst. Aber wo käme man hin, wenn man von Fachexperten verlangte, dass sie von ihrem Fach etwas verstehen? Eben.

Der Amtsschimmel wiehert übrigens weiter. Der Staatsanwalt hat Revision bei der nächst höheren Instanz angekündigt, und er ist bereit, den Fall bis zum Europäischen Gerichtshof in Luxemburg weiterzuziehen. Die Rossbollen rollen also noch immer. Nach dem bewährten Grundsatz: Wenn schon dumm getan werden muss, so soll wenigstens so dumm wie möglich getan werden. Und da fällt uns ein, dass die «Frankfurter Allgemeine» über den Fall auch berichtet hat. Aber bei ihr heisst der Käse nicht Crottin, sondern er heisst Crettin. Dreimal steht's so in der FAZ. Crettin (bessere Orthographie: crétin) ist eine «stupide Person», gemäss Wörterbuch. Manchmal sind Fehler höchst interessant…

Adolar und Papagallo

Wahr ist die Geschichte, wie alle Geschichten, die wir schreiben. Und sie hat sich so abgewickelt, wie Kunibert und Ilsebill es uns erzählten. Nämlich so: Kunibert und Ilsebill sind ein munteres Paar und verbringen ihre Tage unter anderem auch in einem Wohnwagen. Eines schönen Abends kamen sie von einer Fahrt zurück und stellten ihn in die Garage – eine von vielen in einer ganzen Reihe. «Du solltest das Wagenfenster ein bisschen aufmachen, damit der Wagen verluften kann», sagte Ilsebill. Kunibert machte. Nach ein paar Tagen ging Kunibert in die Garage, um etwas aus dem Wagen zu holen, und fand, dass darin die Papierlein von Hustendäfeli herumlagen. Er räumte sie weg und sagte zu sich: «Ilsebill ist ein unsauberes Schwein, dass sie Abfälle herumliegen lässt.» Zwei Tage darauf ging er wieder zum Wagen, und wieder lagen Papierlein von Hustendäfeli herum. Was Kunibert diesmal über Ilsebill zu sich sagte, wollen wir aus lauter Zurückhaltung verschweigen. Kaum war er fertig, als Ilsebill selber erschien. «Ilsebill, Liebling, du solltest die Papierlein von deinen Hustendäfeli nicht einfach so auf den Boden werfen!» sagte Kunibert zu Ilsebill. Man merkt: die Tonart war gemässigter. «Habe ich gar nicht», sprach Ilsebill. Kunibert deutete stumm auf den Boden des Wohnwagens. Dort lagen die Zeugen der Untat. «Die sind nicht von mir», sprach Ilsebill. «Von mir auch nicht», sprach Kunibert. «Dann hat es hier Geister», sprach Ilsebill.

Zwei Tage später hatten die Geister von einer Rolle Bisquits mit Schokoladefüllung die Schokolade herausgeschleckt und die Bisquits auf den Wagenboden verstreut. «Ilsebill», sprach Kunibert, «deine Geister...» Ilsebill sprach nichts, aber das mit einem sprechenden Blick. Und da dämmerte es Kunibert: sollte etwa...? Um das herauszufinden, schloss er das Fenster des Wohnwagens. Und siehe da: am nächsten Tag waren keine Papierlein verstreut, aber hier und dort am Wohnwagen waren

grosse Löcher in die Bekleidunug der Karrosserie genagt. «Das war gewiss ein Siebenschläfer», sprach Ilsebill. «Es könnte auch eine Ratte gewesen sein», sagte Kunibert.
Wurscht was es war – das Tier musste aus dem Wagen heraus. Also begann eine emsige Jagd. Wo sich ein Tier verstecken konnte, stocherte Kunibert mit einem Stock hinein. Nichts regte sich. Dann aber sah er's: einen langen, kahlen Schwanz. «Eine Ratte!» rief er. Ilsebill sprach: «Wir wollen sie Adolar nennen.» Kunibert sagte: «Wir wollen sie lieber hinauswerfen!» Das war leicht gesagt, aber schwer getan. Die Ratte Adolar war keine von jenen, die sich einfach so hinauswerfen lassen, wenn es ihnen irgendwo wohl ist. «Soll ich dem Polizeichef anläuten? Dann kommt er im schwarzen Ledermantel...», sprach Ilsebill. «Meinst du, dass Ratten vor so etwas Angst haben?» sagte Kunibert. Man einigte sich auf eine andere Methode. Kunibert spritzte etwas aus einer Spraydose in alle Verstecke, und Ilsebill beobachtete, ob irgendwo die Ratte Adolar aus dem Wohnwagen entwich. Tatsächlich: nach einiger Zeit stieg Adolar aus. Gemächlich, als gehöre ihm der Wohnwagen. Was ja fast auch der Fall war. Und dann entwich Adolar in ein Gebüsch.
Hier kommt Papagallo in die Geschichte. Papagallo ist ein grosser schwarzer Kater, der bei den Garagen wohnt. Papagallo heisst so, weil er immer den Mädchen nachstreicht. Vermutlich war er in einem früheren Leben an der Via Veneto zu Hause. «Den Papagallo sollte man jetzt haben!» sagte Kunibert. «Wenn man ihn braucht, ist das Mistvieh nicht da!» sprach Ilsebill. Und dann schauten beide auf den Platz vor der Garage und sahen was?
Zuvorderst sahen sie Adolar, die Ratte. Adolar lief gemütlichen Schrittes vom Gebüsch her quer über das Kopfsteinpflaster. Und ein Meter hinter ihm lief ebenso gemütlich mit hocherhobenem Schwanz wer? Papagallo. «Papagallo, fang' die Ratte!» rief Ilsebill. Papagallo dachte nicht im Traum daran, etwas zu tun – schon gar

nicht, die Ratte zu fangen. Adolar hingegen traute der Sache doch nicht so ganz und suchte Schutz bei Ilsebill – ausgerechnet. «Eigentlich sieht Adolar sehr hübsch aus», sprach Ilsebill. Als dann aber Adolar Anstalten traf, an Ilsebills Jeans hinaufzuklettern, fand sie ihn eine Spur weniger sympathisch und gab ihm einen sanften Stoss mit dem Fuss. Adolar fand das hundsgemein, oder was Ratten für ein Wort haben, wenn sie so etwas bezeichnen wollen. Daraufhin nahm Adolar Kurs auf Kunibert, aber auch der war abgeneigt. Er gab Adolar einen Tritt, der die Ratte gefährlich nahe zu Papagallo beförderte. Jedenfalls fand es Papagallo angebracht, mit einem Satz einen halben Meter rückwärts zu springen. Ein begeisterter Rattenjäger schien Papagallo nicht zu sein. So kommt's dann halt heraus, wenn man sich nur mit Mäuslein abgibt, nicht wahr.
Und dann ging die Prozession wieder los. Vorne spazierte Adolar, einen Meter hinterher promenierte Papagallo, und den Schluss bildeten Ilsebill und Kunibert. Der Weg ging in die Garage, und dort verschwand Adolar durchs Gitter. Kunibert sagte etwas Hartes, Papagallo schnupperte am Gitter, und Ilsebill sprach: «Eigentlich ist Adolar wirklich ein hübsches Tier!»
Nachdem sich also Papagallo als ungeeignet für das hohe Waidwerk erwiesen hatte, mussten andere Methoden gefunden werden, um Adolar loszuwerden. Kunibert kaufte eine Rattenfalle. Ein Riesending mit einem komplizierten Mechanismus. Sie sah aus wie eine Garage für einen Miniwagen britischer Herkunft. Sie wurde mit den köstlichsten Leckerbissen bestückt – aber glauben Sie, dass Adolar hineingegangen wäre in die Rattenfalle? Haha, nicht Adolar! Mit immer neueren und besseren Leckerbissen wurde die Falle geladen. Adolar dachte nicht daran, hineinzugehen. Nicht er in die Falle! Dafür benagte er alles, was irgendwie erreichbar war. Er frass alte Zeitungen und Plastikschwämme, bohrte einen Gang durch einen Rucksack und delektierte sich an der Isolation von elektrischen Kabeln. Nichts war vor ihm sicher – ausser dem Köder in der Falle.

«Wenn's nicht anders geht, müssen wir Adolar vergiften», sagte Kunibert. Es wurde Rattengift gekauft. Auf der Gebrauchsanweisung stand, dass die Ratten mehrmals davon fressen müssen, bevor es sie sicher umbringt. Adolar frass nicht einmal ein einziges Mal davon. Dafür frass er weiterhin Wanderschuhe, einen Regenmantel und den Plastikdeckel einer Büchse mit blauer Farbe. Papagallo hingegen vermied es strikte, die Garagen zu betreten. Früher war er kaum aus ihnen herauszubringen – nun brachte man ihn nicht mehr hinein. Offenbar hatte er einmal ein ungutes Jugenderlebnis mit einer Ratte gehabt, und das hatte ein Trauma hinterlassen. Vor einer psychiatrischen Behandlung war Papagallo nicht mehr für die Rattenjagd zu gebrauchen.

So ging das eine Zeitlang. Dann war Adolar plötzlich verschwunden. «Er war halt eine Wanderratte», sprach Ilsebill. Leider eine sehr sesshafte. Hoffentlich kommt's ihm nicht in den Sinn, in die Garagen zurückzuwandern. Dieser Meinung sind nicht nur Ilsebill und Kunibert. Noch viel mehr hofft das Papagallo...

Memorable Mahlzeiten

Das Essen ist der Güter höchstes nicht, aber es macht Freude. Ausserdem ist es notwendig. Die Freude allerdings, die es macht, kann verschiedene Grade erreichen. Manchmal ist man froh, wenn man überhaupt etwas Verdaubares zu essen hat. Niemand, der's nicht erlebte, kann sich vorstellen, wie gut drei gestohlene Kartoffeln schmecken (auf gefundenem Holz geröstet, das mit einem gestohlenen Zündholz entflammt wurde), wenn man für eine ganze Woche noch genau Fr. 1.25 besitzt. Aber auch das Gegenteil tritt manchmal ein. Wir erinnern uns an ein Bankett einer grossen kulinarischen Gesellschaft, deren Höhepunkt ein Kaltes Buffet war. Der Küchenchef hatte, angesichts der eingeladenen Honoratioren, tief in die Kasse des Wirtes gegriffen und ein ganzes Pfund Trüffeln (Ladenpreis damals: 400 Franken) zur Garnitur verwendet. Niemand von den kulinarischen Heroen wollte diese schwarzen Böllen essen. So kamen wir zum einmaligen Erlebnis, für 400 Franken Trüffeln geniessen zu können. Leider hat sich das Erlebnis nie wiederholt. Nicht weil die kulinarischen Heroen gebildeter geworden wären – bewahre. Nur weil kein Küchenchef mehr so viele Trüffeln zum Garnieren verwenden darf. Die Wirte sind eben etwas sparsamer geworden.

A propos Wirte. Viele Mahlzeiten, an die man lebenslang denkt, nimmt man in Wirtschaften ein. Leider nur in wenigen. Es ist eine ganz seltsame Naturerscheinung, dass ein Mensch, der eine Wirtschaft führt, durchaus nicht immer zugleich den unstillbaren Willen zur kulinarischen Höchstleistung in sich wüten lässt. Nur allzu oft ist es so, dass er sich sagt: «Wieso soll ich mich kulinarisch anstrengen, wenn ich meine Beiz sowieso schon voll habe?». Es gibt eben Gäste, denen genügt es, wenn sie sich ohne allzu deutliche Abwehrsymptome den Magen vollschlagen können. Genauso, wie es Menschen gibt, denen es genügt, dass sie Entspannungsmassage in

gepflegter Ambiance kaufen oder sich ein Frl. 22 Jahre, neu in Basel, kurzfristig mieten. Oder was sonst an Vermischtem sich anbietet.
Es gibt aber Mahlzeiten, die memorabel sind. Wir denken da ans «Hôtel du Commerce» in Aigues-Mortes, wo uns die bejahrte Wirtin ein Beefsteak auf die glühende Herdplatte knallte, wie wir's nie mehr anderswo in gleicher Güte bekamen. Wir denken an die Fondues in der alten «Basler Kanne». Wir denken ans Sauerkraut in der einzigen Wirtschaft von Detwang bei Rothenburg ob der Tauber und an die Spaghetti alla Marinara am Quai von Fiumicino und an das Schwein vom Spiess in Montefiascone und an eine Paté en croûte in Wissembourg (Bas-Rhin). Das waren Mahlzeiten, die wir nie vergessen werden.
Vielleicht interessiert Sie's, von zwei memorablen Mahlzeiten zu vernehmen, die in der Region Basel stattfanden. Eines Tages betraten wir ein Restaurant, das uns empfohlen worden war: «Es gehört zu einer Metzgerei, und die Portionen sind gross und gut gekocht!» hatte es geheissen. Die Beiz sah recht hübsch aus, mit alten Stühlen und blanken Tischplatten, dazu das unvermeidliche Pseudokupfer aus dem Versandhaus. Wir sahen, wie am Nachbartisch ein Rumpsteak aufgetischt wurde. Ein Riesenstück Fleisch mit einer Menge Garnitur – wie wenn der Bürgermeister mitten in der Amtszeit gestorben wäre und das ganze Dorf sein Grab unter Vegetation gesetzt hätte. Der Mann, der es bestellt hatte, das Rumpsteak, ass es mit sichtlichem Vergnügen und hörbarem Schmatzen. Wir liessen uns die Speisekarte geben, ein ansehnliches Ding. Was uns ins Auge fiel, war ein Zabaglione (gelegentlich auch Zabaione geschrieben). Er war unterstrichen. Vielleicht arbeitete ein Sizilianer in der Küche? Wir bestellten also Zabaglione (Zabaione). Es ging einige Zeit, verständlicherweise. Und dann kam das Ding. Ein Glacebecher, mit einem dicken Mehlbrei angefüllt, sehr süss und kauwarm. So etwas wird in traditionellen Häusern zum Ankleben der Tapeten benützt. Das Ding duftete zart nach Riesling-Sylvaner. Schmek-

ken tat es scheusslicher, als man sich das nach dieser Beschreibung überhaupt vorstellen kann. Jedenfalls war es ein memorables Mahl.

An einem lauen Wochenende waren wir in einem anderen Gebiet der Region. Es war Abend, wir hatten Hunger, und als wir an einem Restaurant vorbeikamen, in dem viele Gäste dem Tafeln oblagen, gingen wir hinein. Bestellen taten wir Coq au Riesling. Der war speziell angepriesen, und wenn der Küchenchef sich schon diese Mühe nimmt, soll man sie auch belohnen. Ausserdem bestellten wir einen Schoppen Sylvaner, was ein Weinlein ist, das einem Appetit auf die nachfolgende Köstlichkeit macht. Zunächst wuselte die Serviertochter im Lokal herum, als wäre sie eine neurotische Ameise zur Brunstzeit – aber das gehört zu ihrem Beruf. Dann kam sie und stellte eine Flasche Rosé Pinot Noir vor uns, von dem sie einen Schluck zum Probieren einschenkte. «Seltsamen Sylvaner haben Sie hier – sonst ist der immer weiss» sagten wir. Die Serviertochter war leicht perplex, nahm die Flasche weg und stellte sie auf den Tisch der Gäste, die Rosé Pinot Noir bestellt hatten.

Es ging wieder eine Zeitlang. Dann brachte die Serviertochter eine Silberplatte, auf der lagen zwei Rundungen. Dieselben waren mit einer zentimeterdicken Schicht einer hochviskosen weissen Masse überzogen. Nun ja, es gibt auch für Coq au Riesling die verschiedensten uralten Familienrezepte, so wie für Läckerli. Wir servierten uns also. Dabei entdeckten wir, dass das Rundliche zwei Pouletschenkel waren. Leider waren sie noch halb roh und lagen gar grauslich in ihrem eigenen Blute. Da diese Beiz jedoch nicht das Restaurant von Paul Bocuse in Colonges-au-Mont-d'Or war, wo man auf dergleichen gefasst sein muss und es erst noch teuerst bezahlt, liessen wir den blutroten Hahn zurückgehen mit der Bitte, ihn doch vielleicht lieber durchzugaren.

Der Coq verbrachte weitere fünf Minuten in der Küche und kam dann wieder auf den Tisch. Einer der beiden Schenkel war nun essbar geworden. Der andere lag noch immer als stummer Zeuge einer Missetat roh in seinem

Blute. Wir hätten ein Geier sein müssen, um ihn essen zu können. Wir sind jedoch kein Geier. Und was die hochviskose Mehlmasse angeht: wenn die jemals einen Tropfen Riesling gesehen hatte, so nur auf mindestens 1,8 Kilometer Distanz mit dem Feldstecher. Aber das Ding nannte sich Coq au Riesling. Jedenfalls war es ein ungemein memorables Mahl. Nur der Sylvaner war gut. Er machte uns Appetit. Zum Glück hatten wir eine Büchse Corned Beef im Auto.

Es gibt nicht nur memorable Mahlzeiten sondern auch memorable Gemüse. Auch Kartoffeln. Heute telephonierte uns der Herr Brüderlin aus Binningen, er habe eine Kartoffel geerntet, die wog 700 Gramm. Stellen sie sich das Röstirezept vor: für vier Personen schälen Sie eine Kartoffel…

Zwei Burgen in Italien

Die grössten Schönheiten dieser Welt erschliessen einem ihre wahren Wunder erst dann, wenn man bei ihnen schläft. Acht Jahre lang haben wir einmal auf so ein Ereignis gewartet. Das Warten war der Mühe wert. Es wurde ein unvergessliches Erlebnis.
Die Schönheit, von der wir sprechen, ist das Castel del Monte. Es liegt 16 km südlich der Stadt Andria in Apulien, 540 Meter höher als das Meer, das nur 24 km entfernt ist; einsam auf einer ganz sanften Anhöhe, die aus der Landschaft nicht mehr hervorsteigt als ein umgekehrter Teller auf einem Tisch. Kein zweites Kastell, das wir jemals sahen, liegt so abseits von jeglicher Siedlung. Es ist kein Schloss hoch und hehr, das Castel del Monte. Von weitem sieht es aus, als habe jemand eine flache Schachtel auf die Anhöhe gelegt, weil ihm deren sanfte, kaum spürbare Rundung missfiel. Kommt man näher, so sieht man immer mehr, was für ein Wunder da vor 745 Jahren in der Einöde gebaut wurde. Zuerst lösen sich ein paar senkrechte Linien von der Schachtel. Dann merkt man: das sind Türme. Noch etwas näher: die Türme sind nicht viereckig, wie anständige Türme in dieser Zeit es zu sein hatten. Nein: sie sind achteckig, und es sind ihrer acht, weil jeder Turm an eine Ecke des Schlosses gebaut wurde, das ebenfalls achteckig ist. Das liess jedem Turm nur noch sechs Ecken; die anderen beiden gingen im Gesamtbau unter.
Über diese neun Achtecke haben Kunsthistoriker allerlei Sinniges zusammengeschrieben und hineininterpretiert und hineingeheimnist. Die Wirklichkeit ist anders. Achteckige Bauwerke und Anlagen sind alles andere als selten, schon weil sie so leicht zu bauen sind und so lustig aussehen. Das Grabmal des Theoderich in Ravenna ist wohl das berühmteste, neben dem Castel del Monte. Aber es gibt noch unzählige aus allen Zeiten und Weltgegenden. Sogar in Basels Nähe: der Rest der Burg von Eguisheim und die sorgfältig restaurierte Kirche in Ott-

marsheim. Und wer ein neueres Beispiel sehen will, der fahre nach Neufbrisach und bewundere dessen Grundriss, der ein aus militärischen Gründen entstandenes regelmässiges Achteck ist.

Doch zurück nach Apulien. Wir hatten Castel del Monte zum erstenmal an einem Wintertag besucht, als es noch etwas verfallen aussah, mit Mauern, deren Steine bedrohlich aus den Fugen standen, als wollten sie bald aus dem Verband austreten. «Hier möchte ich übernachten», dachten wir. Dafür war's zu kalt, und an Weihnachten wollten wir ja zu Hause sein, nach einem halben Jahr Kreuzundquerfahrt rings ums östliche Mittelmeer.

Acht Jahre später waren wir wieder da, Ende August. Wir kamen kurz vor Sonnenuntergang an, stellten unseren Wagen neben ein Sandsträsslein jenseits des Schlosses, einen Kilometer entfernt, und kochten auf einem kleinen Feuerlein etwas zum Essen. Castel del Monte hob sich klar und eckig vor der untergehenden Sonne ab; am Himmel zogen Wolkenstreifen auf, die violett vor dem orangen Licht standen. Es war unerhört schön und grauenhaft kitschig. Ein paar Töne kamen aus der Osteria herüber, die in der Nähe des Schlosses unzählige Touristen mit kaltem Bier und belegten Broten und Wein Marke «Castel del Monte» versorgt. Die Touristen waren längst abgefahren, weil sie nicht beim Castel del Monte übernachten wollten, oh. um Himmelswillen nicht, sondern im komfortablen Hotel ihres Badeortes, von wo aus sie den Ausflug zum Schloss des Staufenkaisers Friedrich II. gebucht hatten.

Bei uns roch es nach gebratenem Fleisch und Holzkohlen. So mochte es anno 1250 gerochen haben, als das Schloss fertig war. Ob Kaiser Friedrich II. seine Schöpfung Castel del Monte hatte geniessen können, bevor er im selben Jahr 1250 starb? Man weiss es nicht. Man weiss nur, dass zwei seiner Söhne in Castel del Monte über dreissig Jahre lang eingesperrt waren – Opfer der egoistischen Machtpolitik des Charles d'Anjou, der eines der grössten Schweine der europäischen Geschichte war. In welchen Räumen des Schlosses aber? Nichts ist bekannt. Die Geschichte Apuliens ist eine der aufregendsten, die es gibt. Nur hat sie noch niemand so geschrieben, dass man sie ohne Gähnen lesen kann. Welche Aufgaben warten noch auf Historiker, die richtig schreiben können...!

Es gibt zahlreiche Bücher mit Bildern von Castel del Monte. Was sie zeigen können, sind die Reste einstiger Pracht, nämlich das Architektonische, vermehrt um den kargen bildhauerischen Schmuck, der die Jahrhunderte und den Vandalismus der Bauern und Hirten überstand, die das Schloss als Steinbruch benützten. Vor neunzig Jahren sollte es sogar gänzlich abgerissen werden, weil man sich keine Verwendung für die Ruine ausdenken konnte. Das Auto und der von ihm ermöglichte Tourismus waren noch nicht erfunden, und es gab genügend Schlösser in besserem Zustand und leichter zu erreichen, nichtwahr. Wer die Männer waren, die es verhinderten, wissen wir nicht. Aber es kam dazu, dass das italienische Königreich, selber erst 14 Jahre alt und keineswegs finanziell auf Rosen gebettet, die Ruine für 25 000 Lire kaufte. Seither wird Castel del Monte etappenweise restauriert.

Was man aber nicht zu sehen bekommt in den Büchern, ist die vergängliche Pracht, mit der das Schloss einst ausgestattet war. Sie ist vermutlich schon von Charles d'Anjou, dem Schwein, gestohlen worden. Was man auch nicht zu sehen bekommt, sind die grandiosen sanitären Anlagen, die das Schloss enthielt. Es war mit einem Röhrensystem ausgestattet, das alle einschlägigen Räume mit fliessendem Wasser versorgte. Das Wasser kam von Fangflächen auf dem Dach, die den Regen in Reservoire leiteten. In zwei: eines für das Trink- und Waschwasser, das andere für die WC-Spühlung. Sie haben richtig gelesen: das gab's im Castel del Monte vor 740 Jahren! Die nächsten WCs wurden erst wieder anno 1596 neu erfunden, nach einem Unterbruch von 350 Jahren. Wen wundert's, dass Friedrich II. einen Übernamen bekam: Stupor mundi et immutator mirabilis? Zu Deutsch: erschreckendes Weltwunder und wunderbarer Neuerer...

Am Morgen, als wir aufstanden gegenüber dem Schloss, lag es im Nebel. Langsam schälte es sich heraus, wie aus einem Leintuch, in dem es geschlafen hatte. Es war unvergesslich. Aber das haben wir doch schon geschrieben, oder?

*

Uneinnehmbar hat man sie genannt. Natürlich ist sie trotzdem erobert worden – durch Verrat einmal, durch eine Kriegslist das andremal, und auch sonst noch ein paarmal. Uneinnehmbare Festungen gibt es nämlich nicht. In jede kommt man irgendwie hinein – aber aus einer Festung herauszukommen ist meistens ein unlösbares Problem. Schon gar, wenn sie so gebaut ist und so liegt wie San Leo. Von weither schon sieht man die Festung auf der Spitze eines Felsens, 150 Meter über dem Städtlein gleichen Namens, zehn Kilometer westlich von San Marino mit seinem Touristenrummel. Nach San Leo kommt kaum jemand ohne ernsthafte Gründe – etwa für ein Wallfahrt zum Sargdeckel des heiligen Leo, zur Besichtigung der beiden Kirchen aus dem 9. und 12. Jahrhundert oder des Klosters Sant'Igne. Oder aber um die Zelle in der Festung anzusehen, in der am 26. August 1795, morgens um drei Uhr, ein Mann sein Leben aushauchte, um den es noch heute keine Ruhe gibt.
Er wurde am 22. Juni 1791 in die Festung eingeliefert, in Eisen geschmiedet, von Soldaten des Papstes Pius VI. bewacht. Man fürchtete sich vor ihm. Er war zu lebenslänglicher Einsperrung verurteilt worden, nach einem jener Prozesse, die man immer wieder anstellt, um der Beseitigung eines gefährlichen Andersdenkenden den Schein der Rechtlichkeit zu geben. Man befürchtete, übernatürliche Kräfte, oder wenigstens seine Freunde, könnten ihn aus den Klauen der päpstlichen Macht befreien. Sogar von einer möglichen Flucht mit einem der acht Jahre zuvor erfundenen Ballons war die Rede. Nichts dergleichen aber geschah. Der Gefangene wurde dem Gouverneur der Festung San Leo übergeben, der ihn zunächst für ein halbes Jahr in eine ausgetrocknete Zisterne einsperrte.

Der Gefangene war eigentlich zum Tode verurteilt worden wegen Ketzerei, was ein anderes Wort dafür war, dass er freimaurerische Gedanken verbreitet hatte. Papst Pius VI. milderte das Urteil seines Inquisitionsgerichtes in Lebenslänglich, was im Grunde eine Verschärfung war. Jedenfalls unter den Umständen der Haft in San Leo. Nach sechs Monaten kam der Gefangene in eine Zelle, die ein Fenster besass, durch das er die Kirchen des Städtleins am Fusse des Festungsfelsens sehen konnte. Es war dreifach vergittert. In der Zelle standen ein hölzerner Schragen als Bett, ein Tisch und ein Stuhl. Die schmale Tür in der Wand aus rohen Steinen hatte man zugemauert. Die einzige Verbindung des Gefangenen mit der Aussenwelt war ein für ihn unerreichbares Loch in der gewölbten Decke, durch das sein Essen an einem Strick heruntergelassen wurde. Gespräche mit seinen Wärtern waren verboten. Diese Zelle galt als Entgegenkommen des Gouverneurs, der ein gewisses Mitleid mit seinem berühmten Gefangenen verspürte.
Über die Leidenszeit des Gefangenen in San Leo gibt es keine zugänglichen Dokumente. Die Akten über seinen Prozess vor dem Römer Gericht werden vom Vatikan noch immer unter strengem Verschluss gehalten. Nur eine speichelleckerische Veröffentlichung aus der Feder eines Jesuitenpaters namens Marcello existiert, 1791 unter dem Titel «Compendio della vita e delle geste di Giuseppe Balsamo, denominato il Conte Cagliostro» in Rom erschienen. Schon im selben Jahr wurde sie in deutscher Übersetzung herausgegeben – just in Zürich.
Jetzt wissen Sie auch, wer der Gefangene war: jener ungemein wunderliche Mensch des 18. Jahrhunderts, dessen Charakterbild noch heute in der Geschichte schwankt. Der Graf Cagliostro. Er gibt noch immer Rätsel auf. War er nur ein Scharlatan, oder war er mehr? In Basel jedenfalls hatte er Freunde, vor allem seit er die charmante Gattin eines Bändelherren von psychosomatischen Beschwerden geheilt hatte. Aber es stimmt nicht, was der historische Schreiber Friedrich Bülau behauptete: «Cagliostro liess auf einer Höhe bei Basel ein drei-

stöckiges Pavillon bauen.» Was nach Cagliostros Angaben gestaltet wurde, ist der Glegglihof in Riehen.
Das einzige Dokument über Cagliostro, das veröffentlicht wurde, ist seine Todesurkunde. Sie liegt im Pfarrarchiv von San Leo. Ausgestellt hat sie am 28. August 1795 der Stadtpfarrer Aloysius Marini. In ihr steht: Der Verstorbene, zwar christlich getauft, war ein Erzketzer, verbreitete unfromme Lehren und war von schlechtem Ruf. Er starb ohne irgendwelche erkennbare Reue, ohne den Beistand der Heiligen Kirche, im Alter von 52 Jahren, zwei Monaten und 28 Tagen. «Er wurde miserabel geboren, lebte miserabel und starb sehr miserabel», steht in der Urkunde. Es wurde für seine Seele gebetet, um von Gott – falls das möglich sei – Mitleid für das elende Geschöpf zu erbitten.
Die Leiche wurde zwischen zwei Wachttürmen der Festung San Leo verscharrt, natürlich nicht in geweihter Erde, aber immerhin (gemäss dem Dokument) «im Boden der apostolischen und römischen Curie». Man hat inzwischen mehrmals nach den Überresten des Cagliostro gesucht, aber nirgends auch nur ein Knöchlein von ihm gefunden. Auch starke Zweifel an der Ursache seines Todes sind aufgetaucht. War's wirklich ein Schlaganfall, oder wurde Cagliostro – so behauptet ein französischer Autor unserer Tage – in früher Morgenstunde erwürgt, damit man ihn endlich los war?
Die Zelle in der Festung San Leo, die den Namen «pozzetto» trägt, verrät nichts. Das Wort «pozzetto» aber bedeutet: Öffnung in einer Kanalisationsröhre, durch die man sie beobachten und nötigenfalls reinigen kann. Ein schöner Name für den letzten Aufenthalt eines Mannes, mit dem sich noch nach zwei Jahrhunderten die besten Geister beschäftigen.

Dreikönigskind

Immer vor Weihnachten stehen sie auf dem Barfüsserplatz, der Kaspar, der Melchior und der Balthasar, und verneigen sich mit dreiköniglicher Würde, wenn ihnen jemand eine Spende gibt. Sie wissen's ja: in grauer Vorzeit, anno 1948, haben sich Basler Dekorateure entschlossen, etwas Gutes zu tun vor Weihnachten. Sie erfanden die drei Könige.

Kurz vor Weihnachten 1948 war es, als die drei heiligen Dekorateure zum erstenmal auf dem Barfi standen und Spenden sammelten. Da kam ein kleines Mädchen, so um die acht Jahre alt, zum Negerkönig gelaufen, ganz scheu, und warf etwas in die Sammelschale und sagte: «Lieber Negerkönig, wenn Du zurückkommst in den Himmel, dann grüss' meine Eltern ganz herzlich von mir. Sie sind beide dort.» Es war ein kalter Tag, und wenn's kalt ist, dann kann einem schon das Wasser in den Augen stehen. Aber die Tränen, die dem Negerkönig kamen, waren nicht wegen der Kälte.

Das kleine Mädchen hiess Natalina. Es hiess so, weil es kurz nach Weihnachten, nach Natale, auf die Welt gekommen war, in Rimini. Als Natalina drei Jahre war, wurde Rimini wieder einmal bombardiert. Seine Eltern kamen unter den Bomben um. Natalina und seine Geschwister überlebten. Zwei Jahre lang zog Natalina mit den Geschwistern herum. Es gab damals in Italien Kinder, die lebten wie die wilden Katzen. Niemand kümmerte sich um sie. Wenn sie nicht verhungern wollten, mussten sie aus dem Abfallhaufen etwas Essbares herausscharren, mussten etwas stehlen, das gerade nicht bewacht war, mussten betteln. So ein Kind war Natalina. Wie eine kleine wilde Katze.

Dann war der Krieg vorbei und fremde Leute begannen, sich um die Kinder zu kümmern. Unter anderem Leute aus der Schweiz, die in Rimini ein Asilo Svizzero gründeten. Sie nahmen auch Natalina auf. Es brauchte dort Leute, die Italienisch konnten. Einer von ihnen war der

Basler Sprachlehrer Albert Preziosi. Er hatte unter seinen Basler Schülern die Frau eines Postangestellten. Ihm fiel die kleine Natalina auf, verwildert wie sie war, aber trotzdem scheu und mit einer ganz grossen Sehnsucht danach, jemanden zu finden, der sie liebhatte. Als er wieder in Basel war, erzählte er der Pöstlerfrau von Natalina. Es liess sich einrichten, dass Natalina als Ferienkind von Rimini zu ihr nach Basel kommen durfte. Sie war da sieben Jahre alt, dünn und schmächtig, mit grossen Augen, die in Basel aus dem Staunen nicht herauskamen. Schon gar, als sie die drei Könige sah, die da vor dem Stadtcasino standen in ihrer bunten Pracht mitsamt Esel und so echt aussahen, wie nur Imitationen aussehen können.

Das kleine Intermezzo bei den drei Königen hatte Folgen. Werner Hausmann erfuhr davon, der die Glückskette von Radio Basel leitete. Er unterhielt sich vor dem Mikrophon mit Natalina. Als das Gespräch gesendet wurde, schickte die Basler Pöstlerfamilie Natalina in den Milchladen, damit sie's nicht hören sollte. Aber andere hörten die Sendung. Es gab aus der ganzen Schweiz Briefe, es gab Pakete. Aber noch viel wichtiger: Natalina durfte in Basel bleiben. Sie besuchte die Schulen, kam in die Handelsschule, dann in ein Internat nach Châtel-St-Denis, bekam das Handelsdiplom. Aus dem wilden kleinen Katzenmädchen war eine gesittete Schülerin geworden, und ihre Pflegeeltern hatten sie auch adoptieren dürfen. Natalina arbeitete auf einem Reisebüro, dann lernte sie zwei Jahre lang in England, schliesslich kam sie zu einer Basler Chemischen. Jedes Jahr vor Weihnachten standen die drei königlichen Dekorateure wieder auf dem Barfi. Für Natalina waren sie mehr als drei verkleidete Männer, die Spenden sammelten. Für Natalina waren sie wirkliche Boten aus dem Paradies.

Es kam, wie es so kommt. Natalina, längst Baslerin geworden, ging einmal nach Engelberg zum Skifahren. Es war ein Sauwetter dort, so dass Natalina auf die Piste verzichtete und im Restaurant «Trübsee» einen Kaffee trank. Dort lernte sie einen jungen Mann kennen, der

Walter hiess, aus Österreich stammte und in Luzern als Ingenieur arbeitete. Die beiden verliebten sich in einander und heirateten. Natalina zog nach Luzern, dann mit ihrem Mann nach Kreuzlingen, und schliesslich nach Österreich. Dort hat ihr Mann heute eine leitende Stelle bei einem grossen Unternehmen in der Nähe von Wien.
Es war gar nicht so einfach, Natalina zu finden. Wenn sich der Negerkönig Edi von 1948 nicht so heillos bemüht hätte, und wenn nicht der richtige Mann am richtigen Ort auf die richtige Idee gekommen wäre — Natalina wäre nicht mehr aufzufinden gewesen. Denn der Negerkönig von damals wusste nichts von ihr, als dass sie ein kleines Mädchen aus Italien war, das ihm Grüsse an seine Eltern im Himmel aufgetragen hatte. Aber man fand die Adresse. Natalina kam nach Basel, mitsamt dem Ehemann, und wir tranken mit ihr im «Bistro» einen Kaffee. Natalina erzählte von ihren beiden Kindern, vom Kurt und von der Andrea, und von gemeinsamen Freunden, die wir haben, ohne dass wir's wussten, und Natalina war stolz darauf, dass sie Baslerin geblieben ist und freute sich, dass sie wieder einmal in Basel sein konnte. Ihre Pflegeeltern — sie sagt nicht Pflegeeltern, sondern sie sagt «Das waren meine richtigen Eltern!» — sind gestorben, vor ein paar Jahren. Sie hatten die Freude zu sehen, dass aus Natalina etwas Rechtes geworden ist — dass sie aus Natalina etwas Rechtes gemacht hatten. Aus der kleinen Wildkatze, die sich durchschlug durch alle Not des Krieges und der Zerstörung, sich von Abfällen ernährte und Kartoffeln stahl, um nicht zu verhungern.
Vielleicht möchten Sie gern wissen, wie Natalina heisst. Wo's doch so viele, viele Leute gibt, die alles darum geben, dass ihr Name in die Zeitung kommt, nichtwahr. Das verraten wir Ihnen aber nicht. «Sie dürfen meinen Namen auf gar keinen Fall nennen!», hat Natalina uns gesagt. Tun wir auch nicht. Nur Natalina soll sie heissen, das Basler Dreikönigskind, das kurz nach Weihnachten auf die Welt kam und drum so getauft wurde...

Inhaltsverzeichnis

Gruss von der Sonnenterrasse 7
Autonostalgie 11
Menschentand 15
Elbling-Mord 19
Zwei seltsame Geschichten 22
Gruss aus Sardinien 28
Der König reist nach Dalmatien 31
Deutsche Sprak schwer 42
Was nicht im Campingführer steht 46
Einiges über Arnold Böcklin 50
Familienstolz 56
Huret in München 60
Neue Kunst aus Avignon 64
Flugpioniere 67
Sauerkrautiges 74
Heia Safari! 78
Dann aber geschah uns folgendes,
und zwar in Hamburg: 82
Wunderstrassen 89
Männlein, die im Walde stehen 93
Die Vernissage 103
Fressbeizlein 107
Geheimmuseum 111
Erbsensuppe à la Nostradamus 115
Josel v. R. 119
Reife Rossbollen 123
Adolar und Papagallo 126
Memorable Mahlzeiten 130
Zwei Burgen in Italien 134
Dreikönigskind 140